Lily

——日々のカケラ——

石田ゆり子

文藝春秋

日々のカケラを拾い集めるように

思い返せば15歳の5月、
自由が丘の街を歩いてるときに、声をかけられ
それがきっかけで女優という仕事を始めることになりました。
カメラが怖くて震えているような、
全くの素人の女子高生だったわたし。
芝居のなんたるか、も分からない、そんな状態。
あれから33年。今もこうしてカメラの前に立つ日々を
送っていることに我ながら驚きます。
人生は小さなことの積み重ね。
それは女優という仕事にもそのまんま当てはまり、
大切なのは日々の小さな努力と鍛錬の積み重ね。
毎回、こんなんじゃダメだと反省し次へ次へと進んできた毎日。
本当にあっという間に時間は経ちます。
でもこの、さらさら流れる時間に逆らわず
自然に、潔く、生きていきたい。
淀まず止まらず。これはわたしの座右の銘です。

わたしが大切にしていることは
たぶん、普通の毎日に溶け込んでいる
些細な、小さなことばかりです。
日々のカケラを拾い集めるように、
自分の好きなものや、心の中でずっと思っていること、
自分なりのこだわりを記しました。
記していくことでわたしという人間の
輪郭がうかびあがるといいなと
ほとんど祈りのような気持ちをこめて。

これまでのわたしを作ってくれた
わたしをとりまく環境の全てに。
全ての方々に感謝をこめて。

楽しんでいただけると幸いです。

２０１８年の初め。自室にて。石田ゆり子

目次

大人になったいま

鏡のなかの自分の顔をまじまじと見ると、その年なりの顔になったなあと思います。でも、それはそれでちょっと嬉しいこと。

48歳になったいま、体力的なことで、年をとる大変さを感じることはありますが、「年を取るのが嫌だ」と思ったことはありません。時間は、皆に平等に過ぎていきますし、若いことが偉いわけじゃない。むしろ、若いことは苦しいことだと思っています。

私自身、20代は辛かった。辛いというか、ずっと悩んでいました。人生経験もないのに、注目されてしまったこと。本当は何もできないのに、できるふりをしなくちゃいけない。自分のことをまるでわかってないのに、わかった顔をして前に進まなくちゃいけない。

周囲に期待されることも怖かった。「誰も本当の私なんて、わかってくれない」と思っていました。たとえ、わかってもらったところで、ただ若いだけの女の子だったのだけれど。20代は、おそらく誰にとっても、恋愛においても仕事においても、人生においても課題ばかりだと思います。

大人になったいま思うのは、「若さ」とは、周囲のためにあるんじゃないかということ。若い当人は無我夢中で、必死にもがいて生きている。たくさんの可能性を秘めた、懸命な若者の姿を見て、周囲は美しいと感じ、活力をもらうんです。

若者は、辛く苦しいからこそ、美しいんですよね。

ラクで美しいものはないのだと思います。

子どもも、若者も、野生動物も、必死に生きているから美しい。大人だって、美しいと言われるような存在は、ただ安穏と過ごしているわけじゃない。周囲に甘んじない生き方をしているから、美しいのだとわたしは思うのです。

暮らしのカケラ

愉しい部屋

未完成なものが好きなのです。

なんていうか、ちょっと散らかった部屋とか何かの途中にある部屋の雰囲気が好き。空気が澄んでいて、光がまあるく広がっていて、流れがあるかんじ。

モビールのような、天井からぶら下がってる揺れるものが好きなのも、見ていてなんとなく愉快な気持ちになれるから。

きちんきちんと、片付いてる部屋は、窮屈で苦手なんです。こういうと、みんな、掃除が苦手な言い訳だと言うけれど。わたしの部屋には旅先で買ってきた、ほとんどガラクタみたいなものもたくさんあるし、拾ってきた貝殻や石ころ、わたしのイニシャルであるYの字に見える鉄のオブジェ（ロケ先で拾いました）もある。

絵もたくさんあります。旅先ではいつも、絵や写真を買いたくてギャラリーや素敵な写真集を売っているブックストアを探します。

人の手で一生懸命緻密に作られたもの。小さな子供の落書きのようなもの。色がきれいでどうにもこうにも惹かれて連れてきたもの。

まるで恋をするように、買い物をしてきました。

MARIA NOVELLA

最近話題の、ミニマリストにはわたしは絶対になれない。小さなものを愛でる性質もあるようで、収集癖もある……らしい。自分では意識してないんです。ただただ好きで集まってきたものばかりなので。

小さなものたちは、うちの猫たちにいたずらされないようにショーケースに入れて飾ります。透明なガラスの扉のショーケースがあると、小さなものの集合の可愛さが楽しめて幸せな気持ちになります。集合マジック、陳列マジック、とわたしは呼んでいます。

家具も大好きです。特に小さな椅子が好きで、パリの蚤の市では幼稚園で使われていた木の椅子を買い、ひょいっと抱えて帰国しました。小さな椅子は、あるだけで可愛いし、存在感そのものが楽しくて大好き。玄関に置いて、仕事用のバッグを置く場所にしたり。ときどき猫が座っていてそれはそれでものすごく可愛い。

クスッと笑えたり、楽しい気持ちになることが、わたしにとってはとても居心地のいいことなのです。

いろんなものが、居心地良さそうに、楽しそうに暮らしてる部屋。それがわたしの目指す部屋です。

CHAMPS
ELYSEES

小さな椅子たち。一番右の写真はパリの蚤の市で見つけたもの。

スザニ（中央アジアの国々の刺繍がほどこされた布）たちは迫力がありすぎるので、
たたんで飾ってます。部屋にあるだけで目が喜ぶ。

いちばん好きな場所

家とは、「巣」のようなものだと思うのです。ぬくぬくと幸せな、疲れを癒す場所。自分らしくくつろげて、幸せな気持ちになる場所。そして明日もまた元気な顔で仕事に出ていける場所。わたしが家に求めることはそれだけなのです。

家には人格のようなものが必ず備わっていて、だからどんな部屋でも、暮らし始めの頃はどうしてもよそよそしさや緊張感が付きまといます。空間を自分になじませるためには時間が必要で、それは例えるなら人間関係と同じなのではないかと思うのです。友人との距離を詰めるように、ゆっくり焦らず、逆らわず。

例えば好きな本と好きな飲み物、クッションなどを抱えて部屋中のあちこちに座ったり、寝転がったりしてみるのです。そんなことを繰り返すうちに、あるときふっと部屋が心を開いてくれる瞬間がやってきます。本当に。

この小さなダイニングルームはわたしが大好きでたまらない場所です。となりに広いリビングがあるのにわたしはいつもここで本を読み、考え事をし食事をし、うたた寝をしてきました。

こだわりがあるとしたら光と色だと思います。光の入り方はブラインドの開け方ひとつで変わるのでじっくり吟味。

うちには華美なものは何もないけれど、どこもかしこもわたし自身、になってしまった空間が愛おしくてしかたがないのです。

コーヒー党

コーヒーのない生活なんて考えられません。

Coffee、珈琲……そんな文字を見るだけで心が躍ります。

紅茶も日本茶も美味しいと思う。でもわたしは断然コーヒー党です！

子供の頃、コーヒーを飲むことを許されませんでした。子供の成長にカフェインはよくない、との母の判断からでした。高校生になったらね、と言われ続け、どれだけその日を待ちわびたことか。大人の飲み物、コーヒー……。両親が食後に飲んでるそばでその香りに鼻をヒクヒクさせる毎日。

ブラックで飲んだ初めてのコーヒーは、

高校生になりたての頃、友達と訪れたファストフードのお店にて、でした。しかもアイスコーヒー！　苦い、冷たい、夢のような美味しさ。今思えば、すごく美味しいコーヒーではなかったと思うのですけれどその頃のわたしには、新しい世界の扉が開いたような衝撃でした（大げさですけど本当に）。

その冷たいのどごしと、感動が脳にやきついたのかわたしは今でもアイスコーヒーが大好き。寒い冬の日でもアイスコーヒー。

時間のある朝は、豆から挽いて、ドリップします。苦くて重い、フレンチ寄りのコーヒーが好みです。1杯はホットで飲んで、残りはガラスのジャグにいれて冷やします。そして大好きな割には量が飲めないのでちびりちびりと、少しずつ飲むのです。

たぶんこれは一生続くわたしの習慣なのではないかと。

香り

これ、なんの香りですか？　と、初めて会った人に、例えば、雑貨屋の店員さんに聞かれたりすることが、度々あります。

妹には、「りりの通ったあとはりりの匂いがする」と言われます。

わたしから何か香りがするとしたら、それはわたしの家の香りです。かれこれ10年以上、同じ香りのポプリをずっと、家じゅうに置いています。

しっとりとした落ち葉を発酵させたような、独特のポプリです。これをコンスタントに買い足しては大ぶりの木のお皿にざざざっと……。玄関、リビング、クローゼットの中。香りが薄くなったら薄い布の袋に詰め替えて下着や靴下の入った引き出しの中やハンカチの引き出しの中へ。

これを長年繰り返しているせいなのか、わたしの服からも持ち物からもこの香りがするらしいのです。

甘さのない、どこかスパイシーでもある「森の香り」、と自分では思っているのですが人によって感じ方はそれぞれらしく、お香のようだという方も。たしかにどこか、神秘的な、複雑な……。

うちではお香も時々焚くし、アロマの練りこまれたキャンドルも好きなのでおそらくいろんな香りが混ざり合って、わたしの香りになってるのだろうと思います。

香りはとてもパーソナルなものです。たぶん同じ香りを纏ってもその人自身の匂いと混ざり合ってそれぞれの香りに変化する。

香りが脳に届くスピードはとても早く、懐かしい香りに出会うと、瞬時にその頃の自分にタイムトリップしたような気持ちになる。嗅覚は本能に直結してるんだなと思います。わたしは、自分が演じる役にも、密かに香りを設定します。このひとはきっと、こんな雰囲気でこんな香りなんだろうなと想像し、撮影中は同じ香りをつけ続けてみたり。一種のおまじないみたいなものです。でも役の気分に集中するにはとても大切なおまじない。

香り、本当に奥が深いです。

一輪だけ花を

花のようなひとに憧れます。ただそこに居るだけでふわりと周りを幸せにしてしまうような。花には精霊が宿っていて、疲れた心を癒してくれるとわたしは信じていて、だから、元気が出ない時や、自分の中の淀みを浄化したい時……あ、嬉しい時も、良いことがあった時も……とにかく度々、お花屋さんの門をくぐります。

たくさん買いたいけれど、そこをぐっと我慢して、一輪だけ選ぶのがわたしは一番好きです。とくに大輪のラナンキュラスの蕾などに出会ったら本当に幸せ。徐々に咲いていく様子をじっくりゆっくり観察しながら、至福の数日間を過ごします。忙しくて実際はそんなに眺めていられなくても、一輪だけならじっくりとその美しさに向き合えるでしょう？　お花がたくさんある生活には憧れますが一人暮らしで留守がちなこともあり、ぐぐっと我慢して一輪だけ。

それが幸せなのです。

器

思い返せば映画やドラマで訪れる土地で作られる器を必ず買っていた時期がありました。愛媛県では砥部《とべ》焼き、長崎では波佐見《はさみ》焼き、というふうに。

当然ながら私の食器棚には器が溢れ、飽和状態に。しかも20代、30代のころは、5人家族だから5枚とか3人兄妹だから3枚とか理由をつけて、大量に買っていたのでそれはもう、大変な量になりました。

仕方なく最近は、欲しいなあと思っても本当に本当に欲しいのかと自問自答したあげく、1枚、2枚。もしくはひたすら目に焼き付けることで我慢して帰ってくることも多くなりました。

器が好きなのは単純に、食べることと「食卓」が好きだから。

朝、起き抜けに飲む1杯のコーヒーをとびきり気に入っているカップに注ぐとき。それを持つとき。飲むとき。ただそれだけで、今日もいい日になりそう、とふわっと思える幸せ。本当にシンプルな、野菜を切っただけのサラダだとしても器次第、盛りつけ次第でご馳走に変身する。

逆に言えば、器によって味が変わる、ということでもあると思います。もちろん厳密には味は変わらない。でも、視覚、触覚を総動員して食べるわけですから、味は変わる！　変わるの

少しずつ集めているスティーブ・ハリソンの器たち。

です（力説）。

いろいろな節目に器を手放したり、欲しい方にはさしあげたりしてきました。今では、わたしなりにはだいぶ数が減り、そうなると、また買えるなとやっぱり嬉しかったりするのです。器を愛でる性格は、生まれ持ってるものなのかもしれないな。

漆やガラス。木の器、焼締、磁器、染付。豆皿も好きですし、大皿も大好き。最近は、料理家の友人の影響なのか、シンプルな白い器の懐の深さに改めて惚れ惚れしたりして。

コレクションしているものはいくつかありますが、スティーブ・ハリソン氏の創る器は、30代のころから少しずつ買い集めています。ソルト・グレーズという、陶土が溶け出したところに釜に塩を入れる手法で作られる氏の作品はひとつひとつの器がまるで生きているかのような可辻和美さんのガラスの器。

愛らしさで、まさに一目惚れ……。コレクションせずにはいられないのです！

辻和美さんのガラスの器も大好きです。テンテン、ホリホリ、カキカキ……ネーミングも可愛い辻さんの作品のシリーズも、お店で出会うたびに少しずつ集めています。余談ですが映画の撮影で金沢に行ったとき、犀川沿いにある彼女の工房、ファクトリー・ズーマーに訪ねて行ったら、お店は閉まっていて……ガラス張りの素敵なお店を外から穴があくほど眺めて、東京に帰ったこともあります……。

形あるものはいつか壊れる。器はまさにその、最たるものかもしれません。でもだからこそ、大切に。そして、どんなに高価でもちゃんと日常的に使ってあげる。それがわたしのスタイルです。

魚の器はイタリアのシチリア島で見つけました。この顔、たまりません。

一緒に暮らそう

小さな頃から動物が大好きで、もしかしたら人間より動物が好きだったかもしれない。言葉を持たない彼らとは、魂の一番深いところでいつも会話をしていたような気がします。

一人暮らしを始めたのは22歳のとき。すでに26年の月日が経ちますが、常に猫たち、犬たちがいたので、よく考えたらわたしは本当の一人暮らしをしたことがないのだなと思います。

そのくらい、彼らは家族同然。ペット、という言葉はなんだか全然しっくりこなくて、わたしにとっては家族。子供です。かといって、人間の代わりではなく、もちろん彼氏の代わりでも夫の代わりでもありません（力説）。

わたしは猫として、犬としての彼らを尊重しているのです。わたしはただただ、一緒にいてくれてありがとう、いつもありがとうと、話しかけます。

動物たちと暮らすことで絶対に避けられないこと。それはいつか必ず彼らを見送らなければいけない、ということ。それはどんなときでも覚悟していて、思うだけで泣きたくなるけれどでも、いつか来る別れを案じるあまりに、今を失うことだけは避けたい。

見送る側はいつも寂しい。だけど寿命を全うして旅立つ彼らはきっと幸せなんだと、あるときふっと、ものすごく強烈に気がついたのです。当たり前といえばそうなのですが、これは私

の中の軸になる考えでもあり、いつか必ず来ることを案じても仕方がない、今を生きようと肝に銘じているところがあります。

本当にしょっちゅう思うのですが、過去や未来を案じて今を失うのは人間だけです。動物達はいつも、今を生きてる。死ぬことも生きることの延長線上にあるという究極の悟りを開いているかのようにすら思う。

だから神様に一番近いところにいるような気がするのです。

今一緒に暮らしている、兄弟猫のハニオとタビは、生後1週間のところを保護しました。親猫がひょんなことからいなくなってしまい、このままでは生きてはいけない子猫達でした。

2時間おきのミルク、排泄の手伝い。彼らの世話に明け暮れ、自分のことなんて何もできない日々が数ヶ月続きました。感動的だったのは、雪（ゴールデンレトリバー、♀当時1歳）がまるで親猫のように彼らの世話をしたことです。

あの大きな体の雪が、小さな小さな彼らを踏まないように、傷つけないように気をつけながら大事に抱えてぺろぺろ舐め回す。ベッドから落ちそうになれば慌てて駆け寄って堰きとめる。それはそれは可愛くてわたし自身の体は疲れでボロボロでしたけど、心は本当に元気で、幸せでした。

薄いピンク色の幸せです。ミルク色の幸せです。

あれから1年。赤ちゃんだった2匹はすっかり大きくなり雪にくっついてぐうぐう寝ています。幸せです。どうか、猫として、犬としての彼らの一生が、ずっとずっと幸せでありますように。そしてその責任はわたしにあります。

おかーさん、頑張ります！

本は友達

鞄の中に1冊も本が入ってないと、わたしはなんだか焦ります。読むものがない！　どうしよう、と書店に駆け込んでなにかしら「読むもの」を買います。単行本、文庫、雑誌、……ジャンルも、小説、ドキュメンタリー、写真集、絵本、画集……コミックも、好きです。

本を買う量は、最近でこそ少し減りましたが20代、30代のころは、読みたいと思ったら全て買っていました。

書店という存在が無性に好きで、今思えば危険だったなと思いますがたとえ夜中の2時でも、思い立って深夜まで開いている書店に車を飛ばして帰って来るような……そんなことを習慣的にしていました。

ソファの横、テーブルの上、トイレ、キッチン、寝室。本の山があちこちにある。そんな生活。減らしても減らしても結果的にいつもこうなってしまう。

本はわたしにとって、相棒。友達。自分ではない誰かの思い、物語の中の世界、その中を自分のペースで旅をするような、幸福感。そこに浸ることが何よりも幸せなのです。本に囲まれていると、人生にはたくさんの可能性があり、世の中には星の数ほどの思想があることにとてつもない幸福を感じる。

FINE
LITTLE
DAY

母曰く、まだ文字も読めない2歳のころから、わたしは、絵本をひとりで読んでいたそうです……『かまきりのちょん』という絵本らしい。何度も何度も母に読んでもらい、ついには、文章を暗記して大声でひとりで読んでいたらしいのです……。『おやすみなさいフランシス』は、3歳くらいのころのわたしにそっくりなアナグマの女の子が主人公のシリーズ。なんども読みすぎて、やはり中身を暗記していました。

本当に、小さな頃から本が大好きでした。一冊一冊がまるで宇宙のように独自の世界を持っていて、開きさえすればそこにワープできる。これはもう、魔法でしょう！

宮本輝さんの『錦繡』に出会ったのは20代の頃。美しい日本語と、描写の美しさ。人間の心の様々な色合いを往復書簡の中で描くこの物語にわたしは本当に心を奪われ、事あるごとに読み返し、そして毎回、泣く。

角田光代さんの世界にも圧倒されます。誰もの心の中に住む狂気の一面、闇と光。何度、彼女の描く世界の人物を演じたいと思ったかわかりません。向田邦子さん、村上春樹さん、天童荒太さん、平野啓一郎さん、吉本ばななさん……素晴らしい作品に出会うとどんなに疲れていても、幸せなきもちが広がって、生きてるって素晴らしい、神様ありがとうと思います。

そんなわけであまりに本が好きで増えすぎたため、自宅の一室を「本の部屋」にしてしまいました。

壁一面を全て本棚に。文庫、単行本、写真集、画集、台本……本の高さと幅を計り、取り出しやすいように工夫した本棚をオーダーしました。天井の近くは手が届かないので移動式のはしごをつけました。

本は友達。人生の相棒。NO BOOK, NO LIFE!

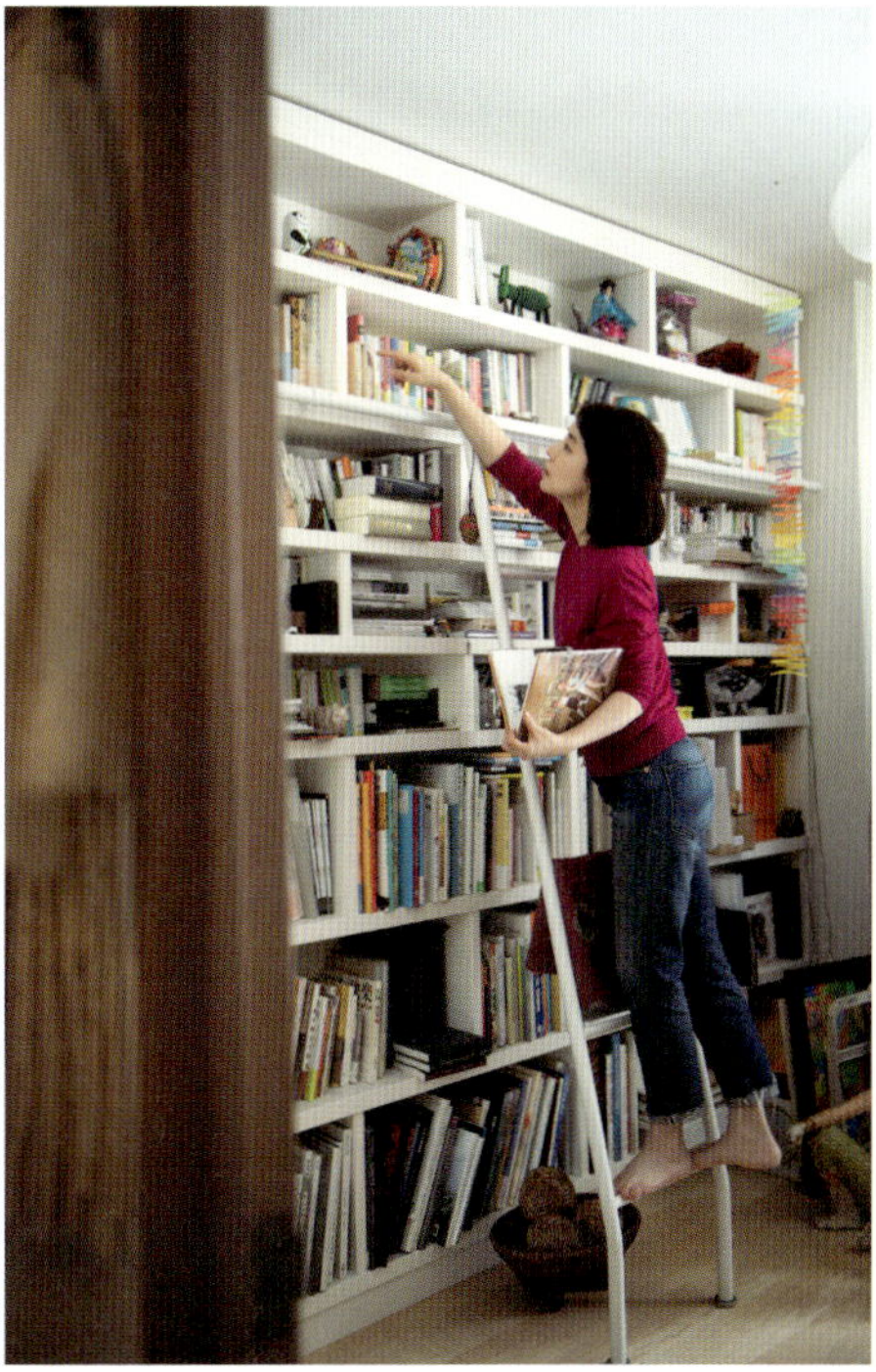

おやすみなさい フランシス
ラッセル・ホーバン ぶん　ガース・ウイリアムズ え
まつおか きょうこ やく

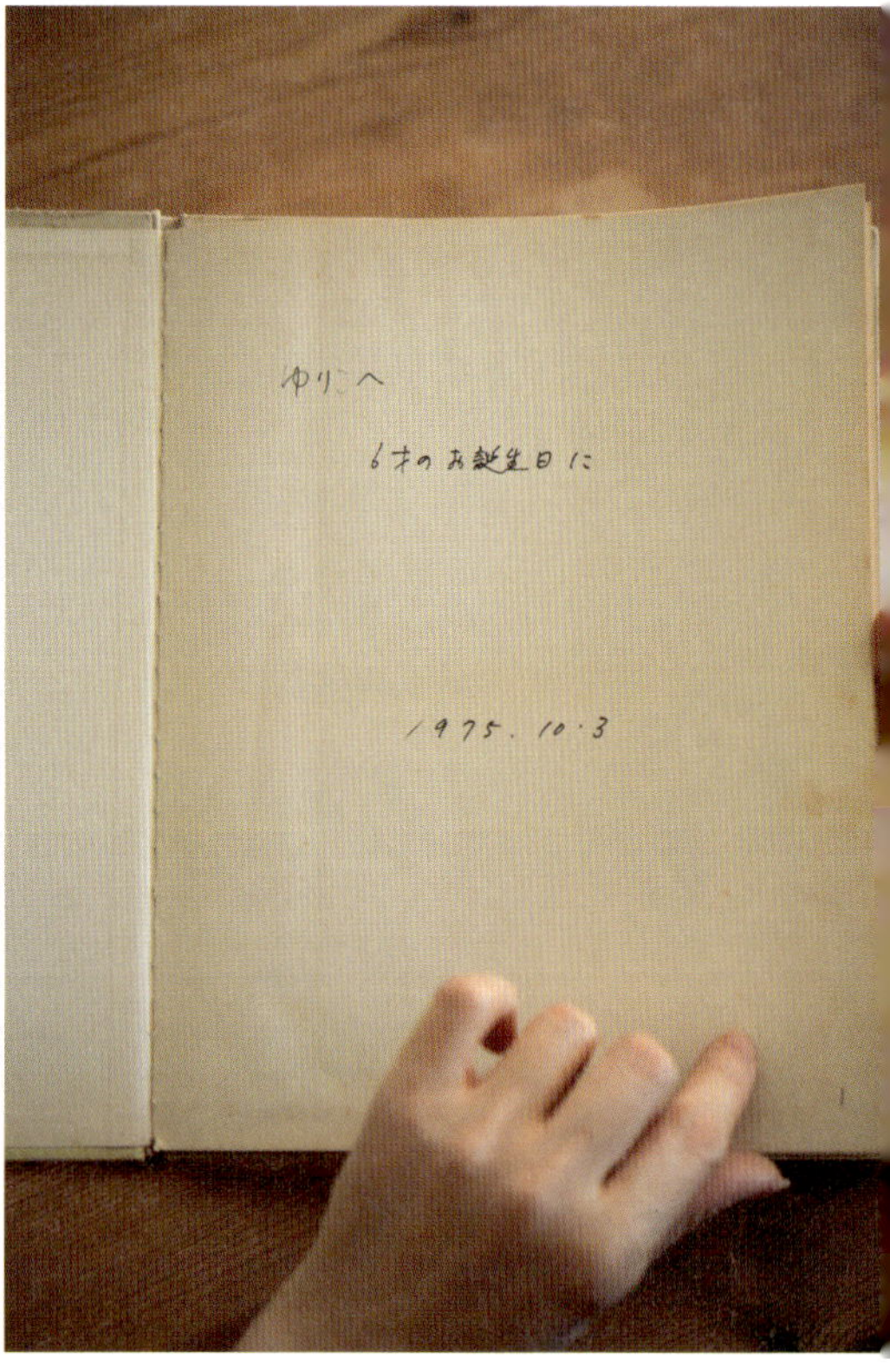
ゆりこへ
6才のお誕生日に
1975.10.3

『そらをとんだねずみ』。
8歳で描いたわたしの処女作!!

Classic
Hoppel
Hoppel

コチコチ

コチコチ、という名前のシャム猫の人形はわたしが小学校3年生のときに父に買ってもらったものです。

9歳の真冬。わたしは無性に「何かひとつの目標に向かって頑張る」ということをしたくなりました。とにかくあしたから3ヶ月、早朝マラソンを30分する！　と朝の食卓で家族みんなに宣言。父も母も妹も兄も、なんでいきなり？　とぽかんと口をあけていました。

思えばなんでもよかったのです。当時読んでいたスポ根漫画の影響も否定できない。とにかく、寒くても眠くてもひとりでちゃんと起きて、近くのグラウンドで走り、帰ってきて朝ごはんを食べて学校へ行く。そんな日々が突然、始まりました。

3ヶ月、という期限つきなのが自分でもおかしいけど、霜柱が立つ冬の季節が終わるまでの目安であり、期限付きにすることで、達成したときの気持ちを味わいたかったのです。毎朝6時に目覚ましをかけ、むっくりと起き上がり、ジャージに着替えて家を出る日々。白い息を吐きながら走る。普段からよく通っていた、文化センターのグラウンドには、わたしの他にも毎日走る大人たちがたくさんいました。その中に子供がひとり混じって、黙々と走る。

すぐに音を上げるだろうというみんなの予想をよそに、わたしは頑張りました。1週間、1ヶ月、そして2ヶ月目にはいるころ、同じ社宅に暮らす仲良しの友達たちが自分も走る、と言い出し、妹も走ると言い出し、最後の1ヶ月はまるで朝のラジオ体操のようにみんなで連れ立って通うグラウンド……。

3ヶ月無事に走り終えたとき、父が、記念になにか買ってやろうと言い出しました。わたしは迷い、ずっとずっと欲しかった、シャム猫のぬいぐるみ！　と言ったのです。

それがこの、コチコチ。

コチコチという名前の由来は、その名のとおり「こちこちに硬いお人形だったから」です。おかしなネーミングだけど、でも、コチコチと言葉にするたびになんだか楽しくなる響き。

わたしはコチコチを抱いて眠り、旅行にも連れて行き、夏は小さな麦わら帽子なんてかぶせたりしていました。一度は、家族旅行で行ったホテルに置き忘れ、大泣きしながら取りに戻ったことがありました。捨てられてしまったかもしれないと心配し、生きた心地がしなかったことも記憶しています。

今から40年近く前のことなのに、今もこうしてコチコチをみるとあのころの自分が蘇ってくるようです。

たった3ヶ月の早朝マラソンです。でも。自分で目標を決めて、達成することの素晴らしさを知ったあのころの空気を、わたしはコチコチを見るたびに思い出します。9歳の冬。わたしは、自分で決めて頑張る、ということの素晴らしさを知ったのです……。

うちにくる？

動物が大好きで、一緒に暮らしているからといって動物の形をしたものが全部好きかというと、全然そうじゃないんです。

実のところ、ファンシーなものにはほとんど興味がないんです。いかにも女の子が好きそうな可愛い可愛いものよりも、どこか妙な存在感があったり、少し寂しそうだったり、すこーし怖かったりするものに惹かれる。

そして魂が共鳴してしまうと、いてもたってても居られなくなり「うちにくる？」と心の中で問いかけます。そして連れて帰ってくる。そんなことの繰り返しなのです。

いつだったか、表参道の大好きな雑貨屋さんで、いつ行っても売れ残っている赤い小さな犬の置物がありました。手に取ってみると、頭の上に穴がいつくか空いている。ソルトアンドペッパーのかたわれ、らしい。聞くと、フランスかイタリアあたりの古いものだという。

じっと見ているうちに、この子はうちに来る運命なのではないかと妙な確信を得てしまい、この子くださいとお店のお姉さんに言っていた……。その子はずっとうちの食器棚の定位置にいて、なんだかとても幸せそうに見えるのです。

そういった理屈抜きのインスピレーションをわたしはとても大切にしています。考えてみればわたしの家にあるものたちほとんど全てが、インスピレーションによるもののような気がします。

そういうのを「衝動買い」というのかもしれません。でも、「好き」という気持ちは理屈ではなくて衝動的なものだから、買い物って衝動買いが一番幸せなんじゃないかなあ。肝心なのはその衝動が研ぎ澄まされているかどうか、でしょうか。

台所にいる、小さなブロンズの犬たちは数年前に六本木の器屋さんで出会いました。

当時、一緒に暮らしていたチョコレートラブラドールの花に佇まいも表情もそっくり。その頃の花は老齢で、いろいろと体調を崩していて、お別れを覚悟しつつの日々でした。この人形に出会ったとき、花がいなくなったときの自分のために、乗り切れるかどうか自信のなかった喪失感を少しでもやわらげるために、そして花の思い出をこの子に閉じ込めるような気持ちで買いました。オーストリアのアンティークだったと記憶しています。

横についてくれている白い犬は、天国での花のお友達。どうかさみしくありませんようにと祈るような気持ちで一緒に連れて帰ってきました。

台所で食器を洗っていて、ふと目をあげると、この2匹が居る。静かで優しい空気がここには宿っています。

チョコレートラブラドールの花にそっくりなブロンズのお人形。
白い犬は天国での花の友達。

わたしのカケラ

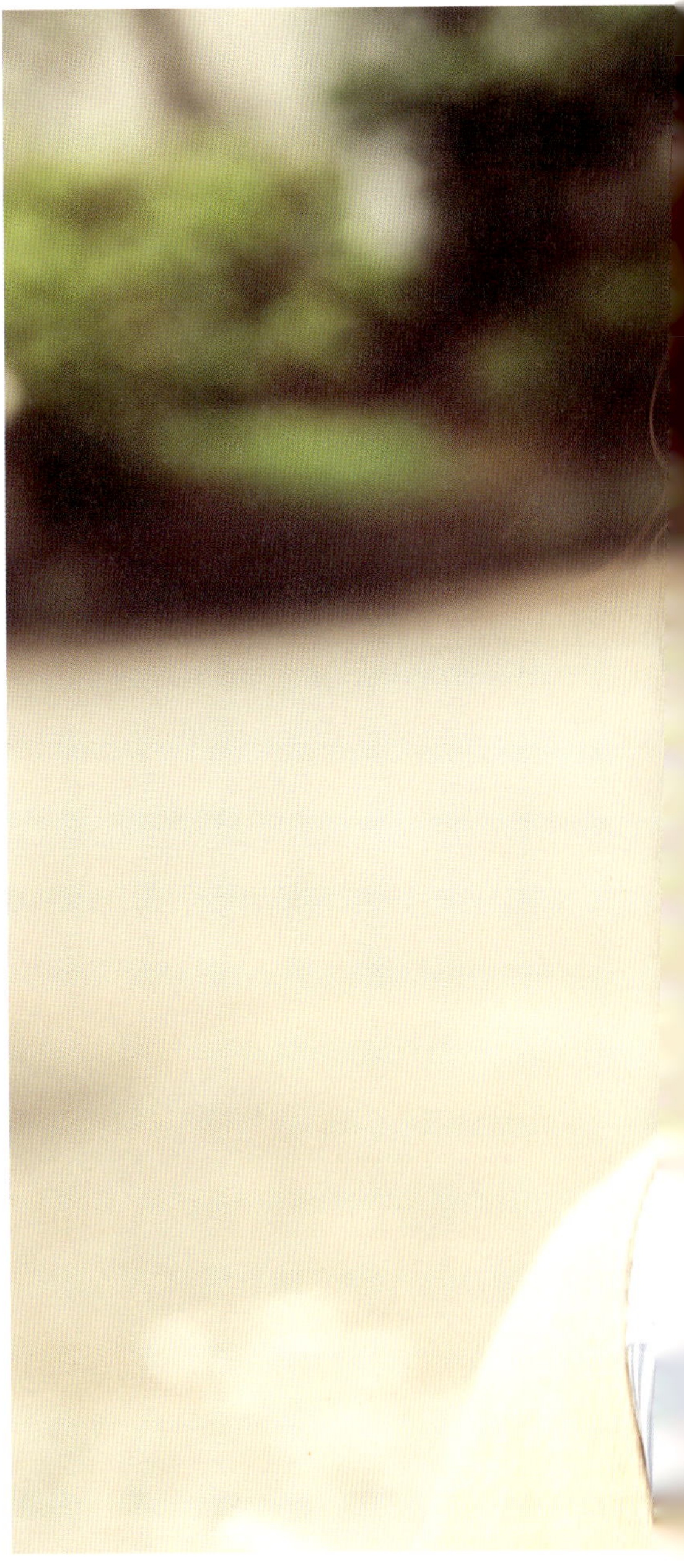

interview I

美しさは、健やかさから

いつまでも瑞々しく美しくいられることはすべての女性の願い。美しくあるために、石田ゆり子が心がけていることについて。

わたしが美しいと感じるのは、素敵な表情をしている人です。表情には心の状態が表れますから、結局は健康で幸せであることが美しさにつながるのだと思います。幸せの基準は人それぞれ。たとえ大変なことがあったとしても、「自分は幸せだ」と思っている人はやはりきれいです。わたし自身も心もからだも健やかにあることを心がけています。

当たり前のことですが、からだは食べたものからできていますよね。だから、毎日の食事はとても大切。私は毎朝、鏡を見て自分の状態を観察します。そして、両手指の腹の部分で顔の皮膚を額から頬、あごと優しく触ってみるんですね。指を精密なセンサーにしたような気持ちで肌に触れると、弾力、乾燥具合など日々の小さな変化がわかるようになります。そして、そうなった原因を探るんです。「最近、動物性タンパク質をとってないな」とか、「睡眠が足りてないな」など。そうやってからだの声を聞きながら、日々調整を図っています。

仕事柄、撮影中はメイクさんにフルメイクをしていただいているので、お休みの日は肌を休めるために、メイクは軽めにしています。日焼け止め代わりにBBクリームやCCクリームなどを塗り、気になる部分はコンシーラーを使ってスポット的に隠す。練りチークを軽くたたくようにしてつけ、ビューラーでまつ毛をあげてマスカラを薄く塗り、リップクリームを塗っておしまい。そうしたプライベート写真をInstagramに上げると、「すっぴん」と言われますが、わたしはすっぴんでいたことはほとんどありません（笑）。

フェイスケアの基本は洗顔ですよね。わたしはクリーム状のクレンジングを使っています。手で泡立てて、指の腹で顔のツボを押しながらマッサージするようにのせ、ぬるま湯で流すように洗う。摩擦が一番肌を傷つけるので、ゴシ

ゴシこすらないようにして。洗顔後は化粧水を500円玉くらいの分量をたたきこんでいます。大事な日の前にはパックもしますが、普段のセルフケアはとてもシンプル。

ヘアスタイルは30代後半からボブがベースになってきました。肩の上あたりで髪の毛が揺れるのが軽くて気分的にもいい。役柄に合わせてアレンジのきくスタイルにしていますが、ひとつだけこだわっているのが、眉間の上のおでこを少しだけ開けること。山型にカットしてもらっているんです。女性はおでこを見せたほうが顔が明るく見えます。第三の目じゃないけれど、この部分は隠さないようにしているんです。

髪にも健康状態が表れますね。ツヤがないと疲れて見えてしまうので、歳を重ねるとケアも必要。短い方が楽ですよね。髪って、1センチでも毛先を切ると元気になりません？　古い部分を捨てて、切り口から新しいものを吸い込んで、新鮮な流れを呼んでいるんじゃないかと思ったりします（笑）。

疲れやすくなったり、食べものがおいしく感じられなくなったり、人の欠点ばかり目につくことが私にもあります。でもそれは、自律神経の乱れから起きていること。からだのせいだから、考えこんでも仕方がないんです。自律神経を整えるには、適度な運動。わたしはピラティスを続けています。鍼も効きますね。また、白湯を頻繁に飲むのもおすすめです。飲んでいるうちに甘く感じられるようになるんですよ。薄いお出汁もいいと思います。私はハニ&タビ（猫）のために、毎朝鶏のささみを茹でているので、茹で汁にポン酢を入れて飲んでいます。

自律神経とは上手に付き合っていくしかありません。素敵だなと思う先輩方は、年を重ねても好奇心旺盛で、若い人と同じ目線で素直に感動し、なにごとも楽しんでおられます。人は目にしたものをコピーする力があると思うから、素敵だなと思う人を見て、その魅力を積極的に感じるのはいいかもしれません。わたしは、クローゼットにバレリーナの写真を貼っています。彼女の凜とした佇まいが美しくて、そういうふうにありたいなと思いながら毎日眺めています。

服が好き

「服を着る」「装う」ということってとても社会的なことだと思うのです。

自分が今どんな気分か、どんなふうに生きているかを一瞬で周りに伝えられる。そして、そして忘れがちだけれど、その姿を自分自身で見ることは、鏡や写真を通してしか不可能なのです。当たり前のことだけど、つまり、ファッションってほとんど、それを見る人のためのものだな、と思っているのです。だから、わたしは街行く人たちを眺めているのが大好きです。

ふらっと入ったカフェの窓からよくぼーっと外を見ているのは、素敵な着こなしの人や、素晴らしいオーラを発する人を見つけたいからです。素敵だなあと思う人を見つけるとそれだけで幸せな気持ちになります。

素敵ってどういうことなのか。言葉にするのは難しいのだけど、その人のパーソナリティを無理なく表現していて、かつ、その人自身の中身とうまく折り合いがついているというか、「こなれている」ということのような気がします。

服ばかりが目立ってしまったり、着ている服が気になって落ち着かなかったりすると、醸し出す空気もどうしてもソワソワしてしまいますから。理想は何を着ても「その人」であること。白いシャツや、黒のタートルネックのような超定番の服を、まるで自分の体の一部のように着

こなしている人はやはり上級者だなと思うのです。

そう、おしゃれにはやはり、「上級者」がいる。つまりある程度は「訓練」だと思います。色や素材、着心地、シルエット。頭の先からつま先まで。靴も履いて、カバンも持って、全身が映る鏡の前に毎日立ってから出かける癖をつける。なんだか変だなと思ったら何が変なのか考える。正解はないけれど、でも、今日も一日ご機嫌で、自分らしく過ごすためにそれはとても必要なことだと思います。

今思い返すと、30代は本当にたくさん服を買いました。服を着る、ということの楽しさを知ったのも30代からです。20代のころは、大人にみられたくて、分不相応な買い物をしてました。エルメスのケリーやバーキンを買ったのも20代でした。それらはやっと今頃になって気負いなく持てるようになりました。

好きなブランドに対しては、そのブランドが生まれる背景も知りたくなってしまい、じっくり調べたりします。どこの国のどんなデザイナーがどんな経緯で、どういう意図で作ったのか……知りたくてたまらなくなるのです。

だから、服を買うとき、そのブランドを応援するつもりで、その人を支援する気持ちで買います。いわゆるパトロン？　な気分というか。大げさだけど、でもそういう心意気なんですよ。その人の世界の一端を買う、気分。

たくさん失敗して、散財もしましたが、自分が好きなものがよくわかってきました。どことなく少年ぽい空気を持った服は本当に好きです。ただのクルーネックのセーターとか、ダッフルコートやピーコート、ちょっとダボっとしたストレートのパンツ。レースアップの靴。ジャンプスーツも好きですね。

男の子っぽい服に敢えて女っぽい綺麗なヒールを合わせたりすることも多い。どこかに風通しの良さというか、馴染んでる感じを出したいのかなあ。

靴も大好きで相当な数を持ってます。多いのは、ペタンコのバレエシューズかローファー、サイドゴアブーツ。ヒールの靴は実はあまり履かないけれど、それを履いて走れるか、というのは大きなポイントです。ヒールは美しさと引き換えに窮屈でもある。だけど優れたヒールは走れる。美しい上に機能的なら言うことなしです。

自分らしいアイテムをひとつ、と言われたらニットコートでしょうか。ニットが大好きで、びっくりするほどたくさん持っていますが、柔らかく包み込んでくれるカシミヤのニットコートは本当に愛おしい。一生、冬の定番アイテムです。

ときどき、こんなにたくさんの服や靴をもってるんだから、もう買わない！　と思ったりするのですが、そんな誓いはすぐに破られてしまう。服を買うことって、今を生きていることだから。そう思っています。

自分にご褒美

いつからか、一年の終わりに、頑張った自分へのご褒美としてアクセサリーを買うようになっていました。

30代の半ばに出会った、ウィリアム・ウェルステッドさんの作るダイヤモンドのアクセサリー。見たこともない、スライスされたダイヤモンド。フラットダイヤモンドというそうです。とても控えめな、静かな光のダイヤモンドは身につけるとまるで自分自身の肌に溶け込むよう。どこまでも控え目なのに個性的で繊細で、だけど不思議な強さも感じる。そして身につける人の存在感をぐっと上げる。

おしゃれな人だなと憧れていた女性の耳に揺れる、フラットダイヤモンドのピアスを初めて見たとき、なんて素敵なんだろうと目が離せませんでした。

ダイヤモンドのビーズという存在を知ったのも、ウィリアムさんの作品からです。鑑定書のつかないダイヤモンドですし、石の中には微生物のような独特の曇りや傷もありますがそれがわたしにとってはむしろ魅力なのです。

毎年、ひとつずつ買い集めるのが楽しみなのですが、やはり高価なものなのでわたしは毎月密かに「ウィリアム貯金」なるものをしています。これをしているおかげで年末にエイっと買う勇気が持てる。

世界にひとつの自分のためのダイヤモンド。もしかしたらこれをダイヤモンドと気がつかない人もいることでしょう。でもそれはむしろ、素敵なことだと思えます。

一年の終わり、ちょうどクリスマスの頃。頑張った自分に、幸せなご褒美、なのです。

からだが喜ぶ

35歳を過ぎた頃、なんだか急にそれまでと体調が変わったなと感じることが多くなりました。うまく言葉に表せない漫然とした疲れや体の線の変化。顔も、どことなくぼんやりと活気なく見えたのです。

私が美容と健康の師と仰ぐ、27歳からずっと通っているエステの先生にそのことを話すと、すぐさま「百合子さん。ピラティスを、ぜひ」との返事。

ピラティス、それはそのころ、急に耳にすることの多くなった言葉でした。とにかく体の線が美しくなると噂のエクササイズ。何も考えずわたしはすぐさま、始めることにしたのです。

体って本当は自分が思うよりずっといろんなことを吸収したがっているのではないか。

それが、わたしがピラティスを始めて最初に感じたことでした。簡単にいうと、体が喜んでいるのです。腕も足も、頭も背中もなにもかもが、わたしに「そうそう、ほんとはこうしたかったんだよ、ありがとう!」と言ってるような不思議な幸福感。

基本は胸式呼吸。鼻から吸って口から吐く。呼吸は止めずにゆっくりと先生の指示通りに体を動かす。ゆっくりゆっくり、無理なく。

大切なのは続けること。やめないこと。体と対話する気持ちを持つこと。「生きることが楽になるエクササイズ」とわたしはピラティスのことを表現していますがほんとにその通り。

体幹の安定が滑らかな体の動きを導くというのがピラティスエクササイズの考え方。肩こり、腰痛、頭痛に加え、なんだか元気が出ないなどという不定愁訴を驚くほど確かに解消してくれる。

勢いまかせではなく、思考しながら各部位を正しく動かす。この、「思考しながら」というのが、わたしにはとても向いていて、今、この部位を動かしているのだと確認することで自分の姿勢を客観的に捉えられることがとても楽しいのです。

心身の健康のために、わたしはライフワークとして、ピラティスを続けていきます。基本は週1回。無理せずに続けることが何よりも大切。

老若男女全ての方々にお勧めします。ぜひ。

笑顔で眠る

一日の終わり、ベッドに潜り込む瞬間は至福の時です。わたしは毎日呪文のように「今日も一日ありがとうございました」と呟きます。そして深呼吸して、あしたもよろしくおねがいしますと言いながら、笑って寝ます。いや、「微笑んだ顔で」眠ります。

この話をするとよく、笑われるのですが……でもこれは一種のおまじないでもあり、そして、わたしの美容の先生からの教え、でもあります。

寝ている間の表情は実はとても大切で、例えばしかめっ面で眠るとその表情が顔の筋肉の癖になり、眉間のシワが固定される原因になるそうです。それを聞いた20代の頃からわたしはことあるごとに眉間を開いて微笑む癖をつけ、口角を上げてからおやすみ、またあしたね、と自分自身につぶやいて眠っているのです。

笑って眠る。どんなことがあっても、今日もありがとう、あしたもよろしく、と思って眠る。そうするとなんだか、ふわふわとした優しい夢を見るような気がするのです。

そしてもうひとつ、習慣にしているのは、疲れ切った頭であれこれ考えようとせず、可能ならとにかく眠ってしまうこと。

眠りの神さまに、ある程度は委ねて、朝になったらすっきりした頭で考え直す。そうすると大抵のことは、明るい方向へ向かうように思います。眠りにはそういう力があります。さあ今日も、微笑んで眠りにつくとしましょうか。

書くということ

文章を書くことが小さな頃から好きでした。なんというか、口で説明することが苦手でした。心の中にたくさん言いたいことがあるのに、口では思いを上手く伝えられませんでした。

大人たちはわかりやすい表現ができる子供を、子供らしくていいわね、なんていうけれど、だけどわたしは、わかりやすくはしゃいだり、泣いたりすることがとても苦手な子供だったように思うのです。

その反動なのかわからないけれど日記を描いたり、手紙を描いたり、作文を書いたり、詩を書いたり、とにかく、心の中身を文章にすることがとても好きでした。国語の作文の時間などは、本当に好きで、没頭して原稿用紙に向かっていました。作文を褒められたりすると自分の中身を褒めてもらったようでとても嬉しくて、その頃からわたしは、思いを文字で表すことが自分に合ってるのだなと自覚するようになりました。

わたしの人生はずっと、書くことと共にあります。もちろん人に見せるものではないけれど手帳をいつも持ちあるき、今の自分を整理するために心の内をただただ書いてみたり。

文字にすることの素晴らしい点は、書いている時点で自分を客観視できるところ。小さなトゲのように心に引っかかっている何かの正体も、今の自分の心のあり方も、本当の思いも、書くことでわたしは自覚してきました。
正直に素直に。ただそれだけを決めごとにして、自分自身と向き合う術。
それがわたしにとって「書くこと」です。

ここ数年はずっと、ほぼ日手帳を使っています。1日1ページ。何でも書きこめます。

比べない、競わない

競うことや誰かと比べることがとても苦手なのです。

それは10代のころ、競泳という、まさに勝負の世界に身を置いていた時期も同じでした。

もちろんレースには勝ちたい。勝つ、ということは当然誰かを負かすことでもあるのだけど、でも、私にとって勝ちたいのは「自分の中の弱い自分」でした。

カッコつけてるわけではなく本当に。自分の中に住んでいる、弱くてずるい自分。それに勝ちたかった。弱くてずるい自分に勝って自分のベストを尽くせれば、タイムなんてどうでもいい……とすら思ってました。

競泳選手としてはこの闘争心のなさが命取りではありましたけれど。でもこの、水泳選手時代に得た最も大きなものが「自分」というアイデンティティーを芯から持つことができたこと、でした。わたしを鍛えられるのは私自身だけ。その逆も然りで、甘やかすことができるのも結局は自分自身だけ。その、境地を知ってしまったのです、10歳にして。

ベストを尽くして天命を待つ。その境地を知ると、まわりのことがよく見えてくる。仲間たちの思いも、辛さも栄光も、まるで自分のことのように感じることができるのです。比べない。競わない。わたしはわたし。その精神はわたしの根っこに、どんな時でも、あるのです。

自浄作用

わたしにとって何よりも大切なことは「精神的衛生」。つまり心が健やかでまっすぐで、心地よい風の吹いている状態のこと。

でも日々、生きていればいろんなことがあります。自分が思う通りになんて物事は進まないし、たくさんの出来事や意見や人間関係にがんじがらめになり、呼吸も浅くなる。そんな状態に度々陥るものです。それが生きてるってことだと思う。

だけどどんなときでも、自分の面倒は自分が見てあげなければいけません。

心の中がもやもやする。「何か違う」と感じる。でもそれが一体なんなのか、よく分からない。そんなとき、わたしがすること。

まずは深呼吸。鼻から吸って、口から吐いて。ゆっくりゆっくり。できるだけ深く長く。

そして自分の中に小さな子供が住んでいるイメージを持つ。その子の言うことに耳を傾ける。その子の言うことは、自分の本心だから。その子に元気がなくなると、人はみんな、呼吸が浅くなったり眠れなくなったり、食べ物が美味しくなくなったりするのだと思います。

自分の中の小さな子供は、自分自身です。その子が笑わなくなったら、何故こうなったのか、原因はなんなのかと、じっくり考えてみる必要があると思います。わたしはそんなとき、出来事や気持ちを正直に、文字に書き出してみることにしています。そうすることで自分を俯瞰で見ることができるので、すっきりと腑に落ちることも多いのです。

日々いろんなことがあるけれど、どうにもならないことは実はそんなにないと、わたしは思っているのです。本当の自分とちゃんと対話をしていれば、自分から逃げさえしなければ。

小さな自分がどうしたらいいのかいつも教えてくれると思っています。それはとても本能的な、インスピレーションに近いものです。それをわたしは、「自浄作用」と呼んでいます。

宮崎駿さんの世界

宮崎駿さんの描く世界に自分が関わることができるなんて、夢のようでした。

幼い頃から、宮崎さんの描く世界が大好きでハイジやコナンとともに空を飛んだり野山をかけめぐったり……そんな妄想ばかりしていたものですから。

『もののけ姫』と書かれた台本、宮崎さんが書かれた絵コンテ。わたしでいいんだろうか、と思いつつもとにかく嬉しくて嬉しくてほんとに天にも昇る気持ち……。

しかし本当に、本当にサンを演じるのは難しかった。人間にも山犬にもなれない、悲しい生き物。大自然の一部のような、そんな生き物。

主人公の少年「アシタカ」と出会ったときのサンのひとこと。「去れ!!」。この一声から収録は始まったと記憶していますが、出だしから大いにつまずきました。

「男にも女にも、山犬にも人間にもなれない悲しみを言葉にのせてほしい」となんども宮崎さんはおっしゃった。

当時のわたしは女優としても人間としてもあまりにも未熟で、声優としての力量もなく、やる気だけはあったけれど、でも、弱い自分を認めたくなくてなんだかいろいろ空回り。サンというヒロインに魂を入れていかなければいけないはずのアフレコ作業は初日から難航し、あろうことか「お腹の底から声を出す」ということの訓練からやり直し、という現実に向き合わざるを得ませんでした。

ボイストレーニングには通っていたのです。だけど、サンとしての声には何かが到底足りませんでした。もっと強くもっと哀しくもっと太く、そういうものが求められていることはビリビリ感じていました。

だけど……なかなか、いいえ、ほんとうに全然オーケーは出ず。ひとり居残り訓練……。宮崎駿さんは、困ったなあという顔をしながらも、じっとわたしを見守ってくださいました。でも厳しかったです。当然です。

わたしとしては、もう、降ろされるのではないかと心のどこかで覚悟していました。そんな自分が悔しくて情けなくて、ひとり泣きました。だけど、3日目、4日目とアフレコが進むにつれて、何かが、掴めはじめて来ました。サンの、人間への憎しみと、動物たち、自然たちへの愛、アシタカへの淡い気持ち、そんなものがまるで水彩画のように層になっていると感じることができたとき、初めて、ガラスの向こうにいる宮崎さんが「いいですね。うん。いいかんじです」と言ってくださった……と勝手に記憶しているのです。

アシタカ役の松田洋治さん、お母さんの山犬役の美輪明宏さん、エボシ御前役の田中裕子さん、乙事主役の森繁久彌さん。他にも、錚々たる素晴らしい俳優のみなさんが全力で命を吹き込んだ『もののけ姫』。その中で、わたしは、ほんとうに一番の未熟者でした。

なんて下手なんだろうと正直今でも、冷や汗が出ます。だけど、あんなに未熟なわたしを、諦めずに鍛えてくださりほんとうにほんとうにありがとうございました。

映画が公開され、もぬけの殻みたいになっていたわたしにスタジオジブリから届いた色紙。くずれおちました。嬉しかったし、情けなかったし、でも幸せでした。

宮崎さんの世界の一員になれたこと、劣等生だったけど、だけどほんとうに幸せでした。ありがとうございました。

いらないんじゃない？

いつも不思議に思うことがあります。

芸能界で仕事をしていると必ず、名前のすぐ後に年齢が表記される。石田ゆり子（48）という具合に。

この数字って、必要なのでしょうか。いらないんじゃないでしょうか！

これは日本独自の習慣らしく、たしかに海外では、そういったことはほぼ、ないようです。名前の後ろに数字を書かれるという、一種の呪縛。

誤解の無いように書きますが、年齢そのものは、生きてきた時間の長さですから愛おしいものです。「わたしはそれだけの時間を、自分として生きてきた」と胸を張っていい。しかし……常に名前と年齢がセットの表示は、もうそろそろ見直してもいいのじゃないかしら。

先入観や偏見を、まっさらな頭の中に、まず植え付けるような……そんな気がするのです。この人は一体何歳なんだろう、と思いながら年齢を知らないでいることも素敵なことのように思える。たとえ調べればすぐわかるとしても、です。

海外の俳優たちは、英語に敬語が無い（厳密には、あるらしい……が）ことも手伝って、年上年下関係なくファーストネームで呼び合い、みな一様に、大人として認め合っているように見える。あの感じを目にするたびに、なんだかとても羨ましくなるのです。

大切なのは年齢に関係なく、お互いをプロとしてリスペクトすることなのでしょう。

ああ、いつの日か年齢表記が無くなりますように！（切実）。

独身主義じゃありません

この年齢まで独身でいるなんて全然想像していませんでした。

20代の頃は、漠然と、30になるまでには結婚し、いつか自然に母になり……などと、ぼんやりと、でも妙な確信を持って想像していたものです。でも、だけど、40代後半の今、わたしは独身。

いやはや。しかしわたしは独身主義なんかじゃありません。人はひとりでは生きていけないといつも思っていますし、人生を共にするパートナーには、いつだって出会いたい。

だけど、確かに、そう言いながらも、どこかで独身であることが自分には必要なんだとすら思ってもいます。これは女優という仕事柄、というのは大いにある。

女優はいろんな役を演じます。母親、キャリアウーマン、シングルマザー、教師、医者、それはもう様々な……。役を演じる時わたしは自分の魂を半分、その役にあげてるんだなと思うようにしています。もちろん芝居はフィクションですから、実際その役の女性はわたしではないけれど、でも、その役が笑ったり恋をしたり、悲しんだり、その感情を演じているうちにわたしはその女性としてその時間を生きているんだろうなと。

そうした毎日を過ごすうちに、「石田百合子」個人としての人生をどこかに忘れているんじゃないか？　と思うときもあります。

いやいや、違う。

そういう日々がわたし自身でもあるのです。なんだか混乱してきたけれど、自分の人生を自分らしく生きていなければ一緒に生きていくパートナーにも出会えないんじゃないかなと、それは確信を持って思います。

でも最後にもう一度。わたしは独身主義者じゃないです（笑）。

interview Ⅱ

食に関する
わたしのルール

健やかなからだや美しい肌は、食べるものによって作られると、必要な栄養素にひときわ気を配っている石田。普段どんなものを食べているのか、おすすめレシピも合わせて紹介。

さまざまな美容法がありますが、それらをいかすことができるのも、健康であることが大前提だと思っています。20代のとき、わたしの肌はものすごく乾燥しており、このままシワシワになってしまうんじゃないかと途方に暮れていました。そのとき初めて行ったエステの先生が「ビタミンBは何で摂られていますか?」とおっしゃったんです。ビタミンB群は豚肉やうなぎなどに多く含まれています。ビタミンB群が不足すると、疲れやすくなったりイライラしたり、肌の潤いが失われたりするのだそうです。このときからわたしは食事に気を遣うようになりました。といっても、マクロビやグルテンフリーのように、ストイックに食べるものを制限するのではなく、基本はバランス良くなんでも食べる。そして、自分に不足しがちな栄養素を積極的に摂るというものです。具体的には……

1 豆乳をほぼ毎日

女性ホルモンと似た働きのあるイソフラボンは大豆製品に多く含まれていて、わたしの年代には欠かせません。お豆腐や納豆などは積極的に食べますし、豆乳は毎日飲んでいます。朝にフルーツやパンなど糖質が含まれているものをいきなり食べるとすごく吸収しやすいのだそうです。ですから、まず最初に豆乳を飲むと、腸内に膜が敷かれていいみたいです。朝はたいてい、豆乳に大豆タンパク加工食品の粉を入れてシェイクしたものを飲みます。それが朝食代わりになることもあるし、少しパンを食べることもありますね。豆乳は、お料理に少し加えてもコクがでておいしくなります。お味噌汁の仕上げに無調整豆乳を50㏄くらい入れています。

2 お肉もきちんと食べる

脂肪分を気にしてお肉を控える方もいらっしゃいますが、動物性タンパク質は、キャリアタンパク質といって、からだ中に栄養素を運ぶのに重要なのだそうです。わたしは、お肉をしばらく食べていないと肌の潤いが失われていくことが多い気がします。ですから、お肉は少量でもまめに食べるようにしています。家ではすき焼き用のお肉を1枚ずつ冷凍しておいて、さっと塩こしょうで焼いたり、茹でてサラダにしたりして食べています。1枚だけでも十分お腹いっぱいになりますよ。

3 貧血の強い味方、レバー

わたしはひどい貧血なので、鉄分を多く含むレバーは冷蔵庫に常備しています。買って帰ったらすぐに煮込んでおく。そうするとちょっとしたときにもすぐに食べられて便利なんです。

4 卵は1日3個でも

動物性タンパク質がいかに大事か、わたしはエステの先生に教えていただきました。諸説あるとは思いますが、卵も1日3個くらい食べてもいいそうです。わたしは、だし汁と醤油とみりんで味を付けた煮卵にして冷蔵庫にいれておきます。小腹が空いたときのおやつがわりに食べるんです。また、香りの強い野菜が好きなので刻んだ香菜をのせた煮卵を、玄米、お味噌汁、焼き魚に添える。これが朝昼晩問わず、わたしの基本の定食になっています。

5 猫の目を盗んでサバ缶

魚はさんまやサバが好きですね。干物もよく食べます。サバは味噌煮にしたり、おいしいサバ缶もストックしています。ただ、缶を開けるときは注意しないと、カン！ という音だけでハニオとタビが自分たちのごはんだと思ってすごい勢いで走ってくるので、彼らの気をそらす作業が必要になります（笑）。

高価ですが、うなぎもビタミンB群がたくさん含まれていて、パッと元気になりますよね。

6 季節には必ず牡蠣を

旬のものにはその時期にからだに必要なものが含まれているので、積極的に食べるようにしています。なかでも牡蠣は亜鉛がたくさん含まれていて、肌にもからだにも貧血にもいいので、牡蠣の季節には、生やゆがいてポン酢でよく食べていますね。

わたしの十八番、油淋鶏を作る。

7　甘いものを欲したら目で満足するように

甘いものがどうしても食べたくなるときってありますよね。そういうときは、プレーンヨーグルトを大さじ3杯くらい器に入れ、イチジクなどのフルーツの乱切りを加え、はちみつとこしょうをふりかけて食べています。イチジクとこしょうは相性がいいんですよ。ここで大事なのは器にきれいに盛り付けること。カサ増ししているように見せて、見た目で心を満足させるんです。ナッツやドライフルーツもからだにいいですね。ただ、フルーツはそれなりに糖分もあるので食べ過ぎには注意しなければと思っています。チーズも好きです。脂肪もありますが、高タンパクで美容にも健康にもいい。モッツァレラチーズやパルミジャーノチーズをよく買います。ひとかけら齧ると、幸せな気持ちになります。小腹がすいたときの対処法は、熱いハーブティーもおすすめですよ。飲むのに時間がかかって、それだけで満足するんです。香りのついた飲み物は満足度が高いですよね。

ストイックになりすぎず、継続することが大事だと思います。わたしはカスタードクリームが大好きなので、シュークリームなどを食べることもあります。ただ、冷蔵庫にシュークリームがあったら、つい食べてしまうから、なるべく買わないようにしています。いただきものや、現場の差し入れであったら、ありがたくいただく。でも、自分では買わない。

基本、食事は腹8分目で止めるようにしています。また、寝る前の3時間は食べないルールを作っていますが、ときどき破ってしまいますね（笑）。あまり厳しくせずに、食べたら動く、というふうにしています。ただ、40代になって、代謝が落ちたのか、少し太りやすくなった気はします。また、それほどたくさん食べなくても満足するようにもなりました。

からだは半年前に食べたものが影響しているそうです。今日なにを食べたか、日々意識することが第一歩ですね。そういうわたしも疲れていると、知らないうちに差し入れをたくさん食べてしまって、すごいカロリーを摂ってしまったという失敗をときどきしています（笑）。

料理のあいまにほっとひといき

a

b

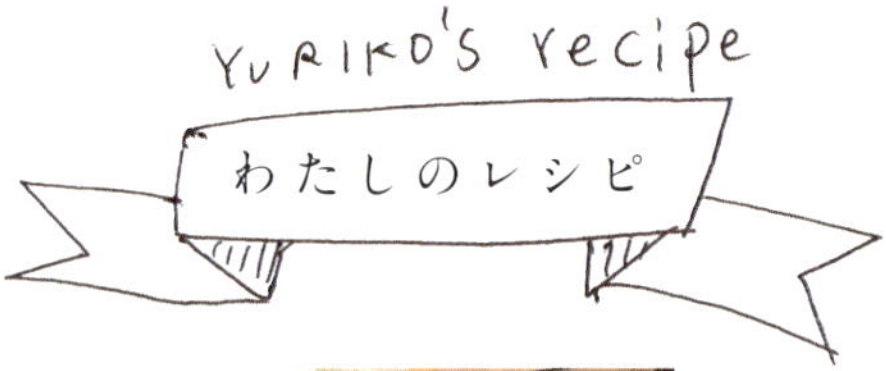

e

c

f

d

レバー煮　c

鉄分補給のための定番レシピ

材料（作りやすい分量）

鶏レバー…300g
牛乳（臭み抜き用）…少し
A
- しょうが…スライスを割と沢山（お好みで）
- 醤油…大さじ2
- みりん…大さじ3
- 酒…大さじ2
- 花山椒…適量
- プルーン（ドライ）…大３個くらい

香菜…好みの量（わたしは沢山いれます）

作り方

1. 鶏レバーは、血や汚れをとり、食べやすい大きさに切る。軽く水洗いしてから牛乳に漬け込んで臭みを抜く（10分くらい）。
2. 鍋に１とＡを入れ灰汁を取りながら、汁気が少し残るくらいまで、煮込む。
3. 刻んだ香菜をたっぷりとのせ、軽く混ぜる。冷蔵庫で一晩ほど置くと、味が染み込んでさらに美味しい。

納豆オムレツ　d

トロトロあつあつ。飽きずに毎日。

材料（１人分）

納豆…１パック
卵…２個
長ネギ…半分
ゆずポン酢…適量

作り方

1. ボウルに卵と納豆、ネギのみじん切りを入れよく混ぜる。
2. 油（分量外）をフライパンに熱し、１を入れてフライ返しで空気を含ませながら火を入れる。
3. ふわふわのうちに火を止めて、盛り付け、ポン酢を回しかける。

フライ返しを使うのがポイントです！　ふわっと半熟タイプの納豆オムレツが出来上がります。

カブとモッツァレラの柑橘サラダ　a

色合いと香りを食べる！

材料（２人分）

カブ…小3個
モッツァレラチーズ…100g
グレープフルーツ、オレンジ…適量
ディル…適量
塩…適量
オリーブオイル（エキストラバージン）…適量

作り方

1. カブは皮をむき、縦に２等分してから５ミリ幅くらいのくし形切りにする。
2. モッツァレラチーズもカブと同じくらいに切る。
3. グレープフルーツ、オレンジは皮をむき適当な大きさに手でちぎる。
4. １に小さじ二分の一の塩をして手で揉み、出てきた水分を捨てる。
5. ２、3、4を器に入れ、オリーブオイルをまわしかけ、好みで塩を振る。仕上げにディルを散らし、いろどりと香りよく。

乾物サラダ　b

歯ごたえも楽しい。栄養たっぷり。

材料（２～３人分）

千鳥酢…適量
白だし…適量
桜えび…適量
きくらげ…適量
ひじき…適量
切り干し大根…適量
ごま…適量

作り方

1. ひじき、切り干し大根、きくらげは水にひたして戻す。もどったら水を切り、切り干し大根、きくらげは適当な大きさに切る。
2. １を千鳥酢と白だしで和える。
3. ごま、桜えびをたっぷりかけて混ぜる。

油淋鶏《ユーリンチー》 f

わたしの十八番。嫌いな人はいない！？

材料（4～5人分）

鶏もも肉…2枚

A
- 卵…2個
- 醤油…大さじ2
- 酒…大さじ1

ねぎ…1本

しょうが…小1個（お好みで）

にんにく…2かけら

B
- 醤油…大さじ3
- 酢…大さじ2
- 豆板醤…小さじ1
- 砂糖…ふたつまみ
- ごま油…小さじ1

片栗粉…適量

油（揚げるため）

サラダ菜など、好みの青菜…好きなだけ

香菜…好きなだけ

作り方

1. 鶏肉は分厚いところを開いて、大きな平たい肉にする。
2. 大きめのボウルにAを入れ、1の肉を漬け込む（15分ほど）。
3. ねぎ、しょうが、にんにく全てをみじん切りにしてBに加えてタレをつくる。
4. 2に、薄く片栗粉をまぶし、少なめの油で、焼き付けるようにしてじっくりと揚げる。
5. サラダ菜を敷いた大皿に一口大に切り分けた肉を並べ、3のタレを回しかける。香菜を添える。

オニオングラタンスープ e

みんな大好きごちそうスープ

材料（2人分）

玉ねぎ…2個

スライスベーコン…2枚

グリュイエールチーズ…適量

バゲットの薄切り…4枚

水…3カップほど

サラダオイル…大さじ1杯半

塩、こしょう…適量

作り方

1. 玉ねぎを薄くスライスする。サラダオイルを敷いた鍋に入れ飴色になるまでしっかり炒める（焦がさないように注意）。
2. 1に水3カップを入れ、細かく切ったスライスベーコンを加えて沸騰させ、5分ほど中火で煮る。塩、こしょうで味を調える。
3. 耐熱のお皿に2を注ぎ焼いたバゲットをのせ、上からグリュイエールチーズをたっぷりすりおろす。
4. 250度に熱したオーブンに入れ、チーズに焼き色がつきぐつぐつするまで10分ほど焼く。

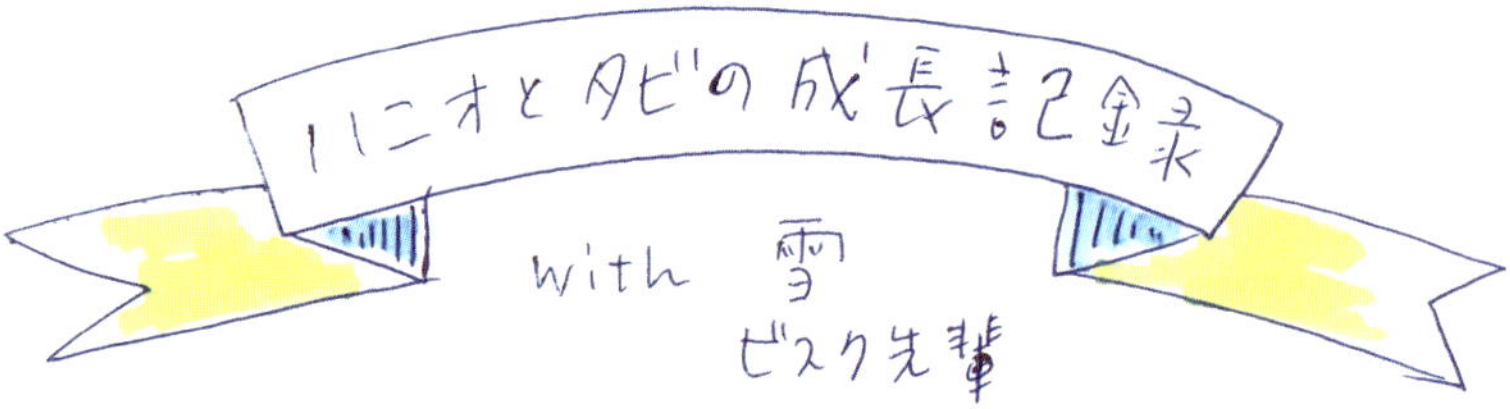

2016年の5月の初め、

生後1週間の子猫を保護しました。

まだ目があいたばかりの乳飲み子の兄弟。

はちみつ色のハニオ。

白足袋履いてるタビ。

ハニオとタビの成長記録！

はじめての体重測定

じーー……っ

5月10日

はじめてうちに来た日。

5月10日

やっと目が開いたばかりのハニタビ。乳飲み子を育てるには猫のお母さんと同じことをしなければ。2時間おきのミルク、排泄の世話。自分のことなんて何にもできないけど、この子たちをみてるだけで幸せでした。雪が、まるで本当のお母さんのように2匹のお世話をしている姿はみてるだけで感動的だったなあ……しかしハニタビ寝てばかり。　　　　（おかーさん）

たびは赤ちゃんの頃すごくよく鳴く子でした。

ぴゃーぴゃー!!

5月14日

団子兄弟。あんころもちときなこもち。

育児に疲れたわたくし……でも幸せでした。

5月19日

ぼけーっとマイペースだったちびちびハニオ。

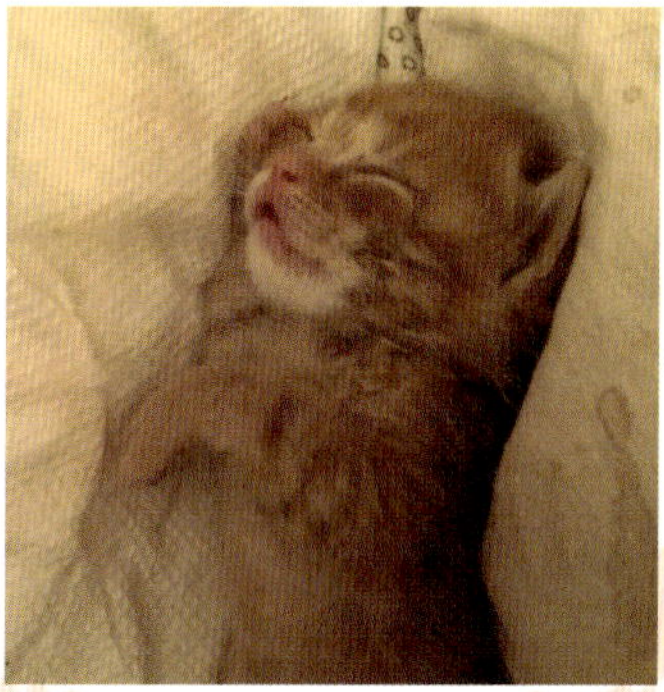

5月16日

スリッパ並みのペア感とは
こういうこと。

5月26日

笑いながら眠る。

ばんざい

ばんざい。

5月26日

ほにゅうびんをやめたら…
こんなことに。初のお皿からのミルク飲み。

びしゃびしゃだよね。。

5月28日

ぼくたちは、うまれてすぐにほごされて、ここにきた。たびちゃんとぼくはきょうだい。ほんとは6つ子なんです。ほかのきょうだいたちもいろんなおうちに、引き取られていった。おかーさんは、ぼくたちの世話で自分のことが何もできないというけれどなんだかうれしそう。ミルクは立ち飲みするととってもたくさんのめるような気がしてます。

（はにお）

zzz……

zzz……

6月18日

Milk Milk Milk

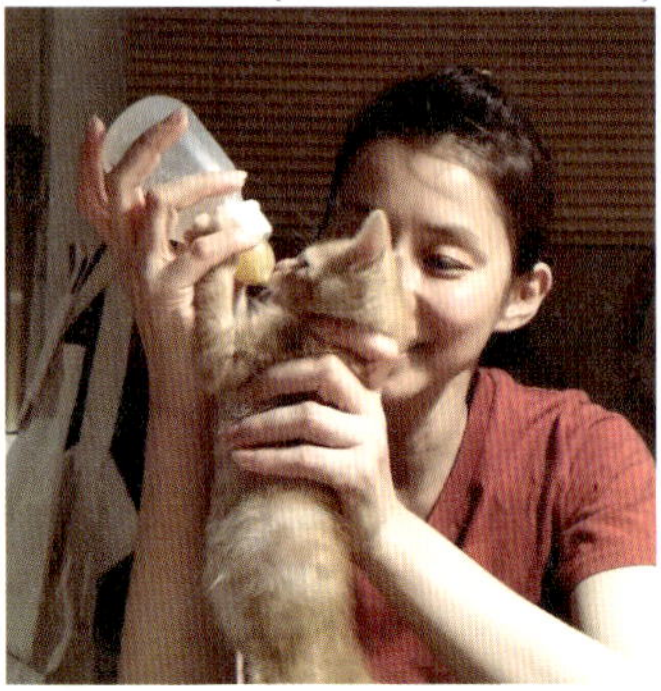

立ち飲みは日常。

6月12日

「わたくしはビスク先輩」

6月19日

ビスク先輩にくっついて離れないふたり。

センパイ

センパイ

6月21日

雪はいつも２匹が心配。

ダイジョーブ…ダイジョーブ？

6月23日

雪は絶対に歯を立てません。優しい雪。

はむはむ

7月6日

ごみ箱の上が定位置。

9月11日

びすくせんぱいはこのおうちにさいしょからいたせんぱいです。お皿からごはんをたべるほうほうとかじゃんぷとかいろいろおしえてくれた。ゆきちゃんはぼくたちとならんで写真をとりたがる。ぼくたちはたいていキッチンにいます。　（たび）

なぜか先輩もケージの中。

……

ぼくは出る

9月22日

ぼくのおなかのもよう見て下さい。

9月17日

このころ、めきめきと2匹は成長していきました。永久歯が生え、赤ちゃんのころのあの小さな尖った乳歯は抜けていく。そんなに早く大人にならないで‼　と心のなかで願う日々。ちゅうちゅうと私の手の指を吸う習慣もいつかなくなってしまうのかな。ちゅうちゅう、ほんとにほっておいたら2時間くらい吸っています。雪もビスクも2匹をとてもかわいがる。ありがとう。やさしいね。　　　　　　　　　（おかーさん）

ちゅうちゅうが止まらない。

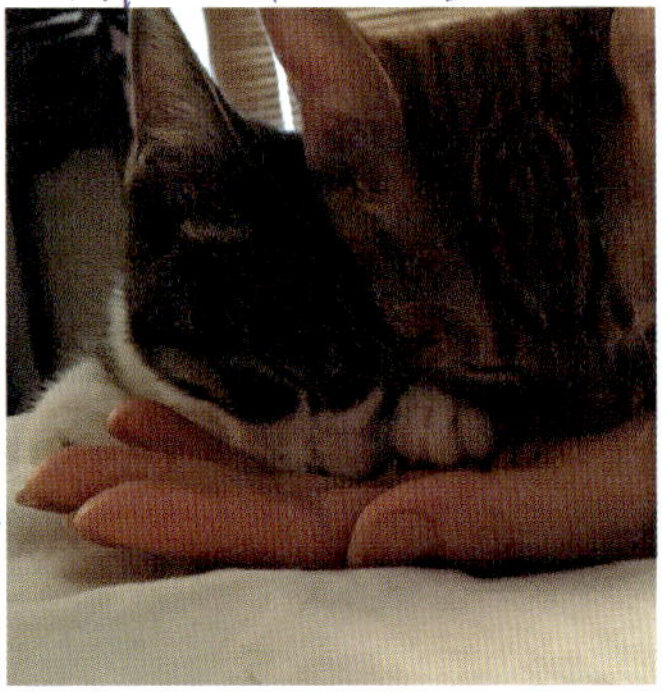

ちゅうちゅうちゅうちゅう

私の手を吸うふたり。

10月8日

いつでも笑顔の雪。

いい子です。。。

10月27日

タイトル「永久歯」

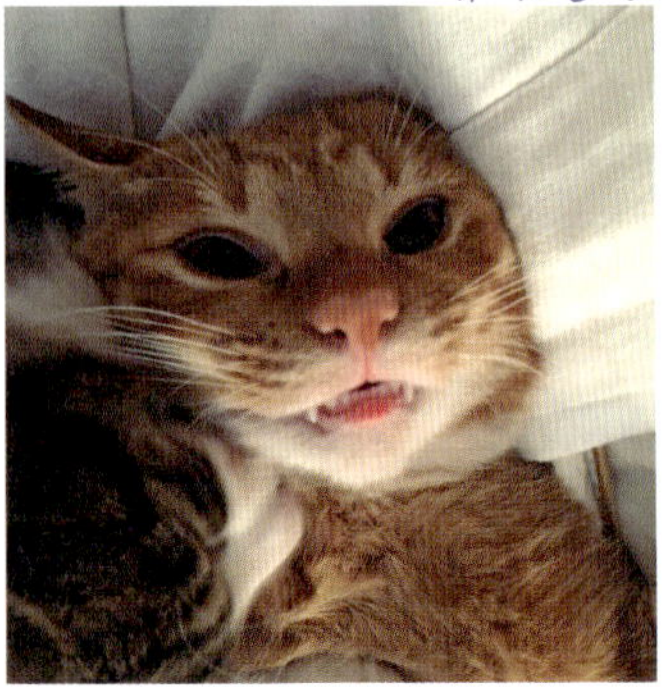

「ぼくの永久歯」

10月25日

私の朝はこうして始まる。。。

起きて、起きて おかーさん

11月21日

なに？ ぼくのこと すきなわけ？ by ハニ坊

11月6日

朝、起きて初めて見た光景。

むーん

12月1日

おかーさんはねぼすけだからぼくが起こさなければならない。おかーさんが起きるまで、かおをじっとみている。おきたら、もっと近くでじっと見る。ビスク先輩はおかーさんの顔に手をおいたりしてる。ぼくもたびちゃんも、りっぱになってきました。ぼくはそろそろライオンになるよてい。たびちゃんは、しろねこになるよてい。　（はにお）

ぼくのサンマ。

ぼくの。ぼくだけの。

12月11日

たびにーちゃん。たびの柄 羽織りの柄です。

12月8日

おかーさんおかえり。いいこにしてたわけっ！

ぼくはいいこだったよ。

12月26日

ぼくはすてきにご飯待ち。

すてきなぼく。

12月16日

ハニタビの正月用衣装。

ぼくはイヤだ

ぼくはすき。

すぐ取りました。

1月1日

あけましておめでとうございます。

かがみもちのかぶりものは

すぐ取りました

1月1日

先代の花からの伝統。

すてきなおうちにお呼ばれ。

1月5日

はにちゃんは、おかーさんのかばんの中に顔をつっこんでなにか食べるものがないか、しらべるようになった。おかーさんのかれーぱんを奪い取ってしかられたのも、このころ。よくしかられたけど、ぎゅうぎゅうされたことも同じくらい多い。ぼくたちはもう、こどもじゃないのに。　　　　（たび）

ハニタビがうちに来て半年以上経ったころ。すっかり「うちのこ」の顔になりました。わたしの顔を見るやいなや、ゴロンと横になるハニオ、ハニオのことを見守るタビ。ビスクも雪も、2匹を優しく見守る。大きくなったね。いつもありがとう。（おかーさん）

りすさんの おかーさん ぢゅうなのっ

1月6日

ササミの歌。熱唱中!!
ささみがいつも
たりーないのーよ

1月12日

たびハンサムだわぁ。
いつもありがとね、タビ。

1月9日

おかあさんのサンゴ。
たびちゃん、サンゴより
ササミのほうがすてきなのにね。

1月17日

ぼくんちに神様がやってきた。
……
おおきいササミと小さいササミ どちらを落としましたか

1月15日

このころたびちゃんが大きなかぜをひいた。よなかに入院した。たびちゃんは復活してぼくたちは大喜びした。くびねっこにかみつかれたけど我慢した。ぼくは「うす目」が得意です。　　（はにお）

めがねは私の一部。茶トラの猫も私の一部。

2月2日

むちっ

おかーさん、おかえり。ねえ、「うす目」できるっ、ねてるか起きてるか分かる？

2月15日

助けて下さい。たびちゃんがっくびねっこにかみついています。

2月11日

ビスク。子猫のような顔。

3月10日

おかーさんの指はいつもパンの匂いがする。

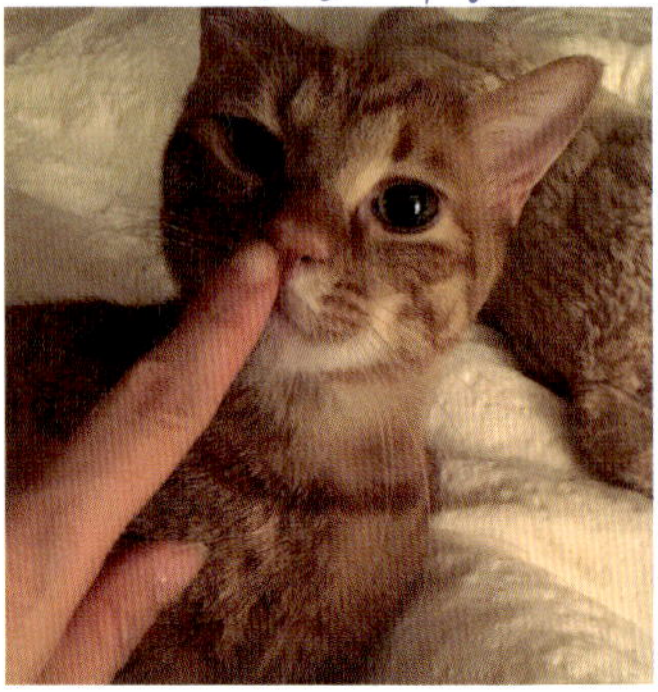

3月4日

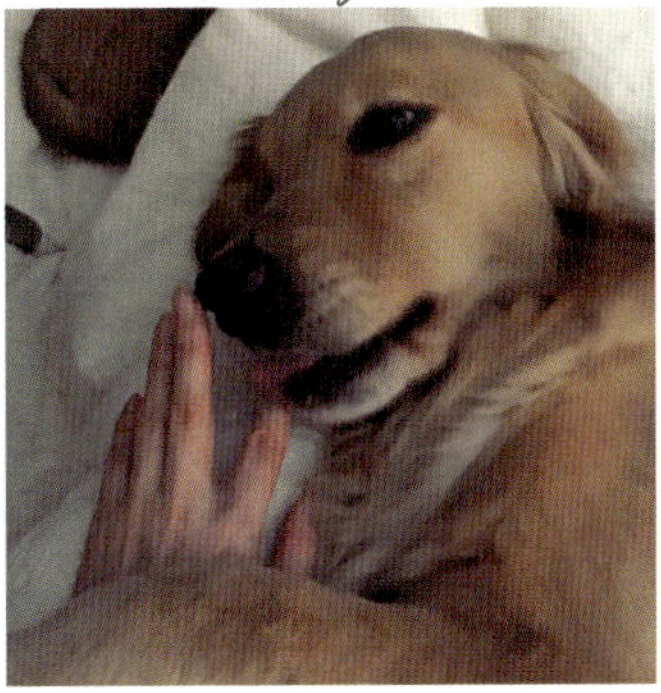

4月1日

3月15日

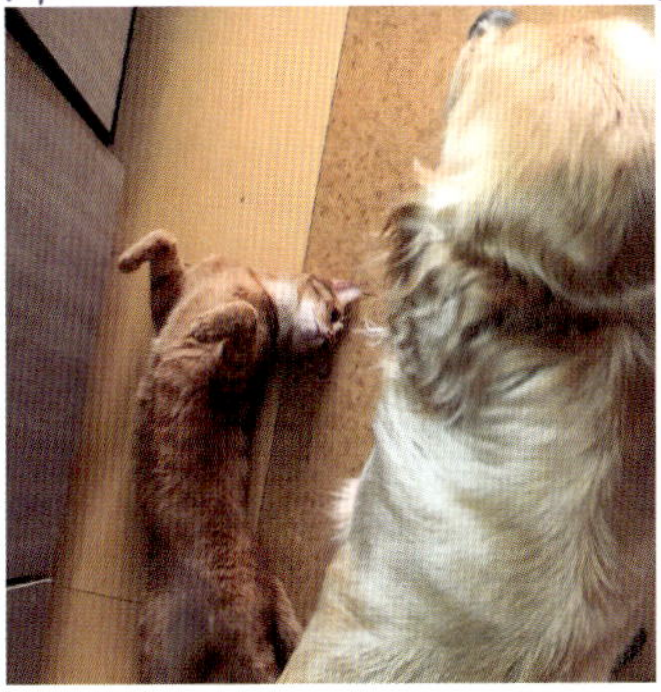

5月7日

4月24日

5月20日

ぼくたちはもうすぐ１歳になる。あんなにあかちゃんだったぼくたちですがゆきちゃんびすくせんぱいありがとう。おかーさんもよろこんでいます。なんでもない毎日がしあわせなのよとおかーさんはいう。これからも、まいにちなんでもなくすぎてゆくよてい。　（たび）

long interview

仕事のこと、恋のこと、これまでの人生について

中学1年生、13歳の頃のわたし。住んでいた台湾の家で。撮影は兄。

ひとつ上に兄、３つ下に妹がいる、３人兄妹の真ん中に生まれた石田ゆり子。父の仕事の関係で、中学時代は台湾で過ごした。マイペースは子ども時代から養われていた様子。

子どものころから、一人でいるのが好きで、当時から自立していました。みんなに変わっていると言われて、面白がられていた気がします。いま思い返しても、たしかに変わっていたのかもしれない（笑）。

たとえば、学校の帰り道のルールを、自分で勝手に作るんです。「今日は丸い石を拾うぞ！」と決めると、一人で丸い石を探しながら歩く。夢中になってしまって、ドブに落ちてしまったり（笑）。家まで縦笛を吹き続けるとか、目をつぶって歩くとか、後ろ向きに歩くとか、毎日、下校時の「課題」を自分に出していました。

当時のことは鮮明に覚えています。どこまで息をとめられるか試したり、木のてっぺんまで登って枝と一体化した気分でからだを揺らしたり。花を摘んで小さな川に流して、猛ダッシュで数メートル川下まで走るんです。花が流れ着くまでに3回お願いごとを言えたら、願いが叶うという自分流のジンクスを作って信じていました。

子ども時代の記憶は、自分のなかの大切な場所にいつもある……たぶんいまも半分、子どもなんだと思います（笑）。「ウニヒピリ」（＊ホ・オポノポノの考えに基づく潜在意識のこと）について吉本ばななさんが書いたものを読んだら、同じようなことが書いてありました。自分のなかにいる、子どもの自分と対話しながら生きている。だから、寂しくはないんです。むしろ、人と居るほうが寂しいんですよ。好きな人や気の合う友達といるときはそんなことないけれど、集団で気の通じない人といると、よりどころがなくて寂しくなってしまいます。

「おりこうさん」でいなければ

母は、長女のわたしを「こう育てたい」という理想像があったようで、言葉遣いもしつけもとにかく厳しかった。また、3歳から母の意向でピアノを習っていました。その先生もかなりのスパルタでした（笑）。母はきっと、わたしをピアニストにさせたかったんでしょうね。白襟のブラウスにジャンパースカートに革靴という、かっこうをさせられて。わたしに洋服を着せ終わるときまって母は「はい、おりこうさん！」と言いました。子どもって、やっぱり親に褒められたいし、親が喜んでくれるのが一番嬉しいじゃないですか。だから、知らず知らずのうちに、「わたしはおりこうさんじゃないといけないんだ」と思い込んでいました。いま思い返すとちょっとせつない（笑）。

そんなわたしが、はじめて自発的に行動したのが「水泳」です。妹がスイミングスクールに行きだしたのをみて、9歳のときに「わたしもやりたい」と言い出したんです。そうしたら、みるみる芽が出て、瞬く間に選手に選ばれました。大人たちが褒めてくれるのが嬉しくて、ますます頑張って、ジュニア・オリンピックに出

小学1年生の頃のわたし。スイカをかぶっているのは兄（笑）。

るまでになりました。

でも、練習は本当に大変でした。10歳から17歳まで選手生活をしていたのですが、毎日平均5000〜1万メートル泳いでいました。それだけ泳ぐと、もう、陸にあがるのがめんどくさくなって「カッパになれたらどんなに楽だろう」と妹と話していました。七夕の短冊に「エラ呼吸になりたい」と書いて、友達に真面目に心配されたこともあります（笑）。

20歳の頃のわたし。

あのとき以上にキツイことはない。芸能界に入ってからも大変なことは多々ありますけど、「あの練習量を毎日乗り越えられたのだから大丈夫」と思えました。水泳選手だったときの経験は、いまのわたしの多くを支えてくれています。

しょっちゅう、辞めたいと言っていたんですが、辞めさせてもらえなかったし、続けてこられたのは、いい友達がいたからです。そのころの友達は同じ苦しみを味わっているから、相手を思いやれるし、喜びも分かち合える。水泳で出会った友達は、宝箱に入れたいくらい特別な存在です。

水泳を始める前のわたしは、辛いことがあるとすぐ泣く子どもで、怖くてひとりでお留守番すらできなくて泣いていた。それが、水泳を通して、自分に自信を持てるようになったんです。「なんだ。わたしもやればできるじゃない」と。

当時は頭が痛くなるくらい、いろんなことを考えていましたね。水泳漬けだったころのほうが、精神的にはいまより大人だったかもしれま

17歳。地元の駅のホームにて。

せん。

芸能界に入ったきっかけはスカウト。台湾から帰国したばかりの高校1年生のときだった。芸能の世界に特別興味があったわけではないが、水泳とは別の世界を見られることも魅力的に映ったのかもしれない。

仕事を始めたばかりのころは、「かわいい少女」として居させられることが嫌でした。どうしたって、キャピキャピした、快活なかわいい女の子像を求められるんです。「カメラに向かって笑え」、「歯を見せて笑いなさい」といつも言われて、それが嫌で仕方がなかった。知らない人にカメラを向けられて、ニカっとするなんておかしいでしょう? 気持ちが悪いとすら思っていました。笑えませんよ! だって楽しくないんだもの（笑）。

最初に決まった大きな仕事が航空会社の沖縄キャンペーンの広告だったので、しばらく水着の撮影が続いたんです。水泳選手だったから、水着を着るのは問題なかったのですが、男性誌のグラビア撮影はやはり抵抗があって、よく家で泣いていました。

22、23歳になって、少し大人として周囲が見てくださるようになって、「元気な女の子像」から解放されて、すごく嬉しかったのを覚えています。

仕事の自覚が芽生えたのは遅くて、27、28歳のころです。『不機嫌な果実』というドラマで初めて不倫する女性を演じました。それまでは、主演の方の相手役が多く、「お嫁さんにしたい女性」像を求められていたので、どこか受け身でしたし、語弊はありますが、ある種気楽でいられた。甘えもあったと思います。でも、『不機嫌な果実』で主役をやらせていただき、自分の演技力のなさと、脚本の読み込みが足りないことに気づいて愕然としました。自分は全然ダメだと思い知らされたんです。

当時はまさにドラマ全盛期。感覚でいうと、いまの5倍くらい、スケジュールがものすごくきつかった。夜中の3時まで撮影して、2時間だけ寝て、早朝から撮影、というのを普通にやっていました。セリフを覚える時間も寝る時間もなくて死にそうでした。若かったからなんとかなりましたけど、やせ細りましたし、目の前の撮影をこなすことで精一杯でした。

緒形拳さんのこと

1987年の秋の初め。

17歳だった私は、初めての「役者」としての日々に奮闘していました。正確には、役者の世界のなんたるか、を知らなすぎてただの「怖いもの知らず」としてその場に居ました。

NHKのドラマスペシャル『海の群星《むりぶし》』の撮影でおよそ1ヶ月間、沖縄県八重山諸島にある人口80人弱の鳩間島に滞在する。

マネージャーも同行せず、一人で飛びこんだドラマの世界。そこで出会った、初めてのプロの「役者」、それが緒形拳さんだった、のです。

ヒヨコが初めて見たものを親だと思い込むように、わたしは緒形拳さんから目が離せませんでした。厳しい。だけど、底抜けに優しい。

ただの素人の、ほとんど子供の私に「おまえ、余計な芝居をするなよ」とおっしゃる。へんな小芝居を覚えるな。思えば、ちゃんと出るからと。

その意味すら正確にはわからない私だったけれど、でもあの、まるで父親のような、いえ……祖父のような……海のような大地のような体の芯から湧くような温かい笑みを目の前にしてただただこの人に、この偉大な大先輩に褒められたいと思い続けて必死だった日々でした。

降るような星を、砂浜でみんなで寝転んで眺めたり、波の音を聞きながら昼寝をしたり。ヒヨコなわたしは、ほとんど緒形さんを親と思い込み、ピヨピヨとどこに行くにもついていくような日々でした。

自分の撮影分が終わり、緒形さんの撮影を見学に行ったときのこと。「緒形さんの撮影が全部終わるまで自分も島に残りたい」と言うわたしに笑いながら「そうか。でもな、おまえ帰れ。役者は、自分の仕事が終わったらちゃんと帰って次に行け」と、頭をポンポンとされながら言われたことは忘れられません。

甘えるな、自分の道を行けと、諭された気がしたのです。

わたしにとって、緒形さんは一生の、恩師です。

最初に出会った先輩が緒形拳さんだったこと、ただただ幸せに思っています。存在感、滲み出る優しさ。役者としての素晴らしさ。山ほどの役者たちが緒形さんを尊敬し、慕うのは当然だと思う。

そこから15年の月日が流れ、ある日、わたしのもとに1枚のハガキが届きました。それはわたしの著書に挟まっている読者カード。受けとる手が震えました。

「慈愛」

そう書かれた文字。それは緒形さんの笑顔そのものに見え、涙が出るほど嬉しくて、ありがたかった。

緒形さん。本当にありがとうございました。緒形さんに褒められたくてわたしは、日々役者の仕事をしています。

あのグローブのような大きな手でまた、頭をポンポンとされたい。ほんとうに。

冬の風鈴
厳寒に鳴る
慈愛
緒形拳

ひたすら自問を繰り返した20代

実力が伴わず、何者でもない、ただ若いだけの自分は辛かったです。そういう時代からどうやって抜け出したかというと、特別なにかをクリアしたという感覚はなくて、時間とともに抜けていった気がします。でも、その間ただ漠然と過ごしたわけではなく、自分と向き合う作業はものすごくしていましたね。

文章を書くのが好きだったので、悶々とした気持ちをノートに書きなぐっていました。恥ずかしくて、誰にも見せられないけれど（笑）。

自分はなぜこう思うのだろう？　なぜ、こういうことが起きるのだろうと言葉に記しながら自問し、自分なりに解いていった感じです。納得いかないことをほったらかしにせず、向き合うことから逃げなかったのが、もしかしたら大きかったのかもしれません。

これは一種のコンプレックスでもあるのですが、わたしはいわゆる夜遊び（死語？）を全然してこなかったんです。飲みにも踊りにも行かない。そういうことを少しでもできていたら、もう少し楽になれたのかもしれない……。でも、それをしていたら、いまの自分にはならなかったでしょうし。だから、仕事以外の時間は自分と向き合うしかありませんでした。

20代は人に守られて、ぬるま湯のなかにいた。でも、それはわたしにとって、あまり楽しいことではなかったんです。子どものころから自立心が強かったので、リスクを負ったとしても、自分でコントロールできるほうが心地いい。

わたし、「責任のないところに自由はない」という言葉がすごく好きなんです。自分で責任を背負うからこそ、選択肢を得られる。言い訳できないからこそ、楽しめる。

30代も半ばになると自然と意識も変わっていきましたね。若いときのようにちやほやされなくなって、責任ある大人として扱われるようになり、いいときも、悪いときもあるということもわかってくる。それまでは仕事でも、「できるかな」と心配していたけれど、できるできないは別として、余計なことを考えずにポンと役に自分をあずけることができるようになりました。

カメラは友だち

俳優業をはじめて30年たちますが、いまだに慣れたとは思えないですね。

ただ、カメラは友達だと思えるようになりました。この差は大きいです。30歳くらいまでは、カメラを向けられるとものすごく緊張していました。レンズが人の目に見えて、怖すぎて顔を向けられない。内心「見ないで!」と思っていた(笑)。頭は、「あのセリフ言わなきゃ!」とフル回転で、ずっと手に汗を握っていました。

でも、いまはカメラマンさんの気持ちもわかるし、カメラがあるとうれしい。カメラがなければお芝居できません。

女優という仕事に慣れるとか、飽きるということはありません。作品ごとに役は違うし、キャストやスタッフも入れ替わるので、毎回、スタート台に立たされる気分です。

水泳はスタート台に立って、パーンと合図が鳴ったら、飛び込んで泳ぐしかない。役者の仕事も、カチンコが鳴ったら芝居をするしかない。水泳のスタートの合図の音と撮影のカチンコはわたしにとって同じようなものです。毎回緊張しながらも妙に肝が据わっているのは、水泳での経験があるからだと思います。

チームのなかの一つの歯車、という意識が生まれてから、楽になりましたね。自分がどう、ではなく、みんなで作品を作っている。自分一人では何もできないし、一人が欠けても違うものになってしまう。そんなふうに思えるようになったのは、やはり継続してこの仕事をしてきて、いろんな現場を経験したからだと思うし、いろんな人に出会って、35歳すぎたあたりから、やっと全体が見渡せるようになりました。

素敵な先輩たちに共通する「母性」

これまでに、たくさんの素敵な先輩方とお仕事をご一緒させていただきました。

吉永小百合さんは、いつも周囲の人のことばかり考えておられて、たくさんの後輩を育てていらっしゃいます。岸惠子さんも、社会全体を愛する、とても愛情深い方でした。岸さんにお会いしたのは20年以上前のことですが、「あんなふうな女性になりたい」と思ったのをよく覚えています。

素敵な先輩方に共通するのは、みなさん「母性」をお持ちだということです。人間の一番深い愛は、やはり子を思う気持ちなんじゃないかと思います。つまり、無償の愛。実際にお子さんをお持ちかどうかとは関係なく、みなさん母性をお持ちで、素敵な母をたくさん演じておられます。

わたしは女優としても女性としても、田中裕子さんが大好きなんですね。『もののけ姫』のときにお会いしているんですが、残念ながらお芝居をご一緒したことはありません。田中さんの演じるお母さんは、瞬きするのも惜しいくらい魅入ってしまいます。『Mother』のお母さん、素晴らしかったなあ……。

ほかにも八千草薫さんや宮本信子さん……素敵な女優さんたちとお仕事をさせていただきました。魅力的な先輩方の背中を見ながら、私も女性として、大人として、女優としてたくさんのことを教えていただいたように思います。

仕事が新しいわたしを引き出してくれる

俳優の仕事が楽しいのは、毎日違うことをしているということです。毎日違う場所に行き、違う人に会い、違う言葉を話す。日々、スパンスパンと切り替えていかないと進まない。いくら悩みごとがあろうと、とどまるわけにはいかないんですよ。

だから、意識的に自分を変えようとしているのではなくて、周囲の人や役やセリフ、相手役等々、仕事にまつわるいろんなものが、自分を別のところに連れて行ってくれる感覚です。自分でも知らなかったわたしを見せてくれる。

完成した作品を観て、自分がダメなときは本当に落ち込みます。いいと思えたことはあまりないんですが、でも、次のチャンスがあるからやれる。それで俳優業を30年も続けてきました。

ここまでくると、仕事はわたしの人生から切り離すことはできないですよね。仕事をしない自分は考えられない。役者の仕事を通してわたしは自分を知っていくので、自分のためにもやめられません。できたら一生続けていきたいです。需要がある限り。

ひとつ質問をすれば、10くらいの言葉を尽くして答える石田だが、テーマが恋愛となると途端に口ごもった。ポツポツと話してくれた、恋や結婚のこと。

……恋の話もしますか？

そもそも、わたしはたぶん、惚れっぽくないというか、なかなか人を好きにならない。素敵だなあと思うことは、たくさんありますよ。でも、外見だけで好きになるとかは本当になくて、一目惚れ、もない。

むしろ、見た目が素敵で、中身が無いと、ものすごくがっかりするので、見た目がすごくいい人を疑ってるところすらある（笑）。

もちろん外見には中身が表れると思ってるので、第一印象はとても大事ですけど。顔の造作なんかより、笑い方が素敵とか、歯がきれいとかそういうことのほうに魅力を感じます。

あと、男性に限らずですが、人が本を読む姿はキュンとします。目を伏せた横顔とか、本に添えた指の表情とか。ちなみに男性の手は、繊細で美しい手よりもがっしりした「働く手」のほうが好き。

できることなら、「いいな」と思う人を、春夏秋冬通して観察していたい。そのくらいの時間をかけて、人を好きになる感じですね。慎重というよりも、これはわたしの一種の癖で、ものでも人でも、時間をかけていろんな角度から眺めて、見ていたいんです。変ですね。好きという気持ちを、自分の中だけで温めていたいというか、なんというか告白なんてしたくないくらいなんです。

告白はするのもされるのも苦手。もちろん、密かに好きな人から言われたら本当に幸せだけど、でもどこかで、告白なんてお互いしないで、友人としてずっと仲良くしてほしいとすら思う。「恋人になったら、別れなくちゃいけないじゃん」となんとなく思っている。これは幾つかの恋愛の経験からきているものなのかもしれません。

こんな年齢でいうのも恥ずかしいけど、恋愛には奥手だと思います。恋人より親友でいてほしい……いや、ほんとは恋人がいいけど。どっちなんだ。複雑な気持ちですね。恋ってなんなんだろう。

嫉妬という感情を持ちたくない

恋をすると、どうしてもやきもきさせられるでしょう?

「今どうしているんだろう」「誰と会ってるんだろう」と気にして、連絡がなかったりすると夜も眠れなかったり。そういうのが実は嫌なんですね。嫉妬という感情がとても嫌い。

それはわたしが、恋愛をすると嫉妬深くなるから、かも(笑)。嫉妬という感情に振り回されて自分が疲れてしまう。自分じゃないみたいな感覚にもなる、あの気持ちが嫌いです。

それにしても恋って、うまくいっているときは、どうしてあんなに世界をバラ色に変えてしまうのか。

「自分の好きな人が自分のことを好きでいてくれる」という奇跡ですよね。そりゃもう、恋愛初期は頭のなかはお花畑です……。パラダイスです!

わたしは好きになったら本当に一直線で、浮気とか本当にしたことがない。だから同じことを相手に求めてしまう。でも、そういう気持ちがむしろ相手を追い詰めるのかもしれないな、と今はわかります。

一途で一直線なぶん、終わるときも一気に終わる。だらだらなんとなく付き合うとか、できない。寂しいから誰かと付き合うとかも、ない。

振られた経験ももちろんありますよ。相手が思うわたしと、本当のわたしにずれがあったのかな。若い頃はそういうことがしばしばありました。

年齢を重ねると、自分のことがわかってくるし、自分がどういう人と合うのかもわかってくる。無理して自分を大きく見せることもなくなってくる。それは本当にいいことですよね。そう思います。

「いい奥さん」になるつもりでいた

若い頃は25歳くらいで結婚すると思い込んでいました。

芸能界を引退して家に入り、旦那さんを支える……そういう「いい奥さん」になるという漠然としたイメージがなぜかありました。

実はぜんぜんそういうタイプじゃないのに、なんでそんなことを思っていたのか!! いま思うとおかしい（笑）。

子どものころ、何になりたいかと聞かれて、友達が「およめさん」と答えたときに、「およめさんて、なりたくてなるものなのか？」とすごく不思議な気持ちになったのをよく覚えています。誰かと出会って、自然に誰もが「およめさん」になるものだと信じていたので。大人になって「およめさん」にはいろんなタイミングといろんな縁と、願望の強さによって、なれたり、ならなかったり、なれなかったりするものなのだ、と知りました。

30代は、いろいろ悩みました。あまり表立って話したことはないけど、結婚をして仕事をセーブしていく人生もあるなと深く考えた時期もありました。

子どもを産むならやはり40歳までに、と漠然と思っていましたが、現実的ではなかったですね。やはりそういうものって縁のものだから。

でも今、こうして、48歳という年齢になり、わたしはどこかで、すっきりとした気持ちでいるのです。

もしかしたら、このまま一人でいるのかもしれないし、もしかしたら誰かとこの先結婚するかもしれないけれど、だけど、自分の人生は全部自分で選んできたと胸を張って言えること、それが何よりも大切だと思っています。

恋愛において、いえ、たぶん人間関係において、一番気をつけなくてはいけないことは、相手の心の一番柔らかいところに土足で踏み込まないようにすること、なのではないかといつも思います。

相手を尊敬、尊重すること、でしょうか。でも実際、人はみな、距離が近くなればなるほど、それが難しくなるから、だから、わたしはつい、一人でいてしまう。たぶんそういうことのような気がします。

願わくば、結婚はしてもしなくてもいいから、「穏やかで普遍的な愛情」に包まれた生活がしたいな。……正直に言えば、やはり、一人で暮らすのって、なんだか不自然ですよね。燃えるような恋とかは、もういいので、優しい、穏やかかな……。

いえ、でも、恋は落ちるもの。落ちてしまえば、コントロールは効かない。なんだかんだ言ったって、理屈ではないわけで。

ハハハ。なんだかいろいろ矛盾しますけど、言葉で説明できないのが恋愛の話です。やはりとても本能的なものなんだと思います。

はい、恋愛の話はもう、おしまい!

社会の子どもを育てる

兄や妹を見ていると、自分の家族を持つ強さにはかなわないなと思います。他人だった人と夫婦になり、家族になり、子どもたちを育てていく覚悟をもち、手を携えて生きる覚悟。それはすごいことだと思います。

だけど、「結婚して初めて一人前」という考え方は古いと思う。ちまたで、ある年齢以上の独身女性に対して「結婚できない」という言葉を使うのを耳にするととても嫌な気持ちになります。結婚できないんじゃなくて「しない」。そういう選択もあたりまえにあるのにね。

白金北里通り商店会

白金北里通り商店会

たしかに、未婚の女性が一人で生きるのは大変なこともたくさんあります。社会制度的にも夫婦で子どもがいることが基準になっているし、でも未婚で生きていくという人生も、もっとちゃんと認められていく、成熟した世の中にならないといけないのではないかと本当に思います。

結婚していない働く女性たちは（わたしも含めて）働くことで社会に還元しているし社会を育てているという部分も担っていると思います。自分に子どもがいないぶん、俯瞰で子どもたちを見ていますし、その子達が大人になってから、仕事の現場で育てることができる。

わたしも、いつからか、自分のまわりにいる子どもたちや、若い人たちをお母さん目線で見守るような気持ちになってきました。そういう母性は、わりと昔からありましたね……。なぜかいつも、年下の人たちに、相談をされたり慕われたりしてきまして……わたし、人に甘えるのは苦手なんですが、頼られると嬉しくなってしまって。人の役に立つのは本当に嬉しい。

女優という仕事も、わたしを見て喜んでくださる方々がいるからやっている。作品を通して楽しんでいただくために、やっていますから。誰かの役に立つのは、人生の喜びです！

だから人生相談とか、人に頼られると、「はい、なんでしょう！　わたしでよければ喜んで」という気持ちになります。もちろん度をこした甘えはお断り。こう見えてもわりと、厳しいですよ（笑）。

いつも笑顔で、気持ちよさそうに過ごしている石田。どうしたら、そんなふうになれるのか。「石田ゆり子」流処世術を少し教えてもらった。

わたしは水泳選手時代に鍛えられましたし、強いか弱いかと聞かれたら芯は強いほうだと思います。逆境にも強い。

でも、もろいところもあります。いつも強くはいられないし、崩れ落ちそうになるときだってあります。そういうときは逆らいません。戦って解決できることなら戦いますが、そうじゃないことは受け入れるしかないですよね。あきらめる、というのともちょっと違うんですが。だから、落ち込むときはとことん落ち込んでみる。無理にその感情を解消しようとしません。

わたしは根が楽観的なんです。ケ・セラ・セラ、なんとかなるって。本当にラッキーなことに、これまでなんとかなってきましたから（笑）。周りに恵まれ、環境に恵まれてここまで仕事ができたことは事実ですね。

自分の心地よい状態に戻す作業をする

抽象的な話になってしまうのですが、わたしには「自分の理想の状態」というのがあります。ヒューっと気が流れている感じ。いろんな流れが、穏やかにスムーズに自分のなかを流れていく。世界の大きな流れに調和して、自分がひとつの粒として存在している……って伝わらないか（笑）。

そうして淀みなく流れているときは、平和な気持ちになれて、トラブルが起きても冷静に対処できます。「禅」ではないですが、常に自分の理想の状態に戻そうという意識は持っているかもしれませんね。いい状態からズレたときって、すぐにわかるので。

これまでも何度かお話ししてますが、タデウス・ゴラスさんが書いた『なまけ者のさとり方』（山川紘矢・亜希子訳）という本がわたしのバイブルなんです。繰り返し読んでいるのでもうボロボロ（笑）。高校生のときにたまたま出会ったんですが、そのなかに書いてあることが、まさに自分の考えていたこととドンピシャリでした。

ゴラスさんが言うには、人間の波動には3つあって……宗教的な話じゃないですよ！……下から、「かたまり」「エネルギー」「スペース」というレベルになっている。「かたまり」はまさに収縮しきって、他人を受け入れられず、自分のことしか考えられない状態。「スペース」は、無限に広がる、自分も自分以外の存在も境なく存在できる状態。ほとんどの人は「エネルギー」というレベルで、拡張と収縮を繰り返している。そして、わたしが理想とするのは「スペース」の状態だなと思ったんです。

理想の状態にあるとき、インスピレーションが降りてきます。でもその状態をキープするには、やっぱり一種の鍛錬が必要ですよね。

心と体はつながっているから、よい食事、よい睡眠、よい運動を心がけて、自律神経を整えるのは大事でしょうね。あとはものの捉え方、考え方の癖なんかも作用すると思います。

わたしは、文章を書いたり絵を描いたり、本を読んだりして自分の軸を戻す作業をしている気がします。

もうひとつ、これもうまく説明できないんですが、自意識をいったん消して、自分を筒状の、トイレットペーパーの芯のようなものだと想定するんです。その穴の中にぐるぐる周りの空気を循環させる。そうして世界をみると、自己から離れて、周囲がクリアに見渡せる。ピーンといい状態に戻ってくれる。これはわたしが勝手に編み出した、自己流マインドフルネスです（笑）。きっとみなさんにも、それぞれに何かしらあるんじゃないかな。

呼吸も大事みたいですね。ヨガやピラティスでも言われますが、もし行き詰まったら、何も考えずに、鼻から息を吸ってゆっくり口から吐くことを、ゆーっくり10分くらいしてみてください。そうしたら、少し落ち着いてくると思います。

腐らないで、実人生を楽しむ！

わたしはただ、石田ゆり子という人間として生きてきて今に至っているだけで、特別何かをしたわけでも、社会に対してすごいことをしたわけでもありません。

ただ、一種の公人であるという自覚はあります。雑なことは言えないし、嘘も言いたくない。やっぱり本当に思ったことだけを自分の言葉で発したいと思っています。役者という仕事に対しても、失礼がないようにといつも心に留め置いています。

バブルがはじけたあとに生まれた若い人たちは、夢を持てずにいると聞いています。

わたし自身は、戦後高度成長期に頑張ってくれた親世代の子ども。学生運動やヒッピー、フラワーチルドレンなど、愛と希望を持つ先輩世代からエネルギーをもらいました。

いまは、戦争を知らない世代が増えていって、平和ボケして、世界はおかしくなって……。スマートフォンの四角の画面のなかで生きているような人が大勢いる気がします。便利すぎる時代の産物ですね。

人はその人が「想像した通り」になると、わたしは信じているんです。だから、悪いイメージを持たないでほしいなと思います。ピンクの空気を吸っているイメージを持つといいそうですよ。薄いピンクって見ているだけで幸せになるでしょう？

現実は厳しいかもしれないけど、若さは可能性の塊ですから。自分の足で歩いて、世界を見て、いろんな人と話をして、様々な実体験をたくさんしてほしいなと思います。

楽しいことは山ほどあるから！　腐らないでほしい。若い人たちが人生に果敢に向き合っている様子を見て、わたしたちは元気をもらうから……ってなんだかわたし、おばさんみたいかな？（笑）

「石田ゆり子」って？

石田ゆり子に根ほり葉ほり

103のQ&A

01　人生の「モットー」にしていることは？

「淀まないように止まらないように」「転がる石は苔がつかない」。年をとっても、いつも、「一番いいのはいま」と思っています。変化していないとカッコ悪いというか、いかようにも変化できるようにニュートラルでいたい。

02　「石田ゆり子は〇〇」。友だちになんと言われますか？

「頑固」。

よく言われます。否定はしません（笑）。でも、わたしは「しなやかな頑固者」というのを心がけているんです。頑固というと聞こえが悪いけど、信念を持たないとダメでしょう？　人の意見をいったん聞いて、違えば自分の意見を言うというのは必要だと思います。

03　世間の「石田ゆり子」のイメージはどんな風だと思いますか？

「独身の人生を謳歌している人」みたいに思われているのかな？　それは本当です。

04　口癖はありますか？

「やってみなきゃわからない」
「そんなのいま決められないよ」。

事前に決めるのが嫌いなんです。そのときの気分を大事にしたいから。

05　ジンクスはありますか？

そういうのを決めると身動き取れなくなるから、ありません。常に「はい、ここから再スタート。リセット！」と思うようにしています。引きずらない。基本楽天的というか、万難を排して心配はしない。

06　優柔不断ですか？

優柔不断ではないと思いますよ。迷ったときはやめることが多いです。

07　占いは信じますか？

いいことだけ。

08　運はいいですか？

昔から、すべてにおいて運がいいと思います。
ラッキーで生きてこれたようなもの(笑)。

09　怖いものは何ですか？

そうだなあ。周囲の人たちが、過ぎるほどよくしてくれるので、それに甘えてダメになるのが怖い。孤独も怖いけど、誰かと2人でいることで生まれる摩擦が怖い。基本的に人に甘えるのが好きじゃないんです。自分のできることは自分でと決めています。

10　コンプレックスはありますか？

そりゃありますよ！　**硬い股関節。**
わたしの望む方向に曲がってくれないの。

11　自分の強みは何だと思いますか？

どんなところでも楽しめること。屋台でも高級レストランでもどこでも大丈夫。転勤族の家庭に育ったからだと思います。

12　自分の中で、何かひとつだけ変えられるとしたら？

社会人として、あたりまえにできなければいけないことをできるようになりたい。とくに数字が苦手なんです。大きな声では言えませんが、**お金の話をされると眠くなっちゃう。**

13　自分を動物に例えると？

なんだろう？　猫のように生きたい。自由で、人に媚びず、マイペースに好きなように生きている、**猫は理想的な生き物です。**

14　カラオケの十八番を教えてください。

なるべく歌わないようにしてますけど、どうしても歌わなければいけないときは**「卒業写真」を歌います。**

15　動物とお話できますか？

たぶん、できますよ。あぶない人と思われるかもしれませんが、動物の魂と深いところで通じている気がします。人間のほうがときどきわからなくなる（笑）。

16　負けず嫌いですか？

「人に勝ちたい」という思いが、もともとあまりないんです。ただ、ちょっとかっこつけた言い方になりますが、**「自分に負けたくない」**とは思う。

17　自分が大人になったなあと思うのはどんなとき？

ちょっといいレストランに人を招待したりするとき。20代ではできなかったことだから。

18　言われてうれしい褒め言葉は？

「一緒にいると楽しい」と言われるとうれしい。「かわいい」とか「きれい」とか言われても、そんなあと思うけど。楽しいことが一番だと思っているので。

19　男女の友情はあると思いますか？

あるでしょう。あってほしい！

日々のくらし

20 生活は朝型？　夜型？

自分でもよくわからないんです（笑）。夏に犬を散歩させるのには明け方がいいんですね。夜中じゅう起きて、暗いうちに家を出て日の出を見ながら散歩するのが一番気持ちいい。これは朝型？……じゃないですね（笑）。

21 平均睡眠時間は？

忙しいと３～４時間。ベストは７時間。５時間寝られればなんとかなる。

22 夢は見るほうですか？

よく見るのは、デパートの夢。上海みたいな雑多な場所で、そのデパートの上から下まで全部把握しているんです。そして、４階の布団売り場に必ず行くの（笑）。外に出ると街になっていて、本屋さんもある。電車も通っていて、何両目に乗るかが決まっている。でも、駅名はわからない。前世の風景なのかな？

23 朝起きてから決まってすることは？

まず、犬と猫にごはんをあげ、余裕があればシャワーを浴び、自分のごはんを食べる。時間が許せば豆を挽いてコーヒーを淹れる。それをすると気持ちが落ち着きます。

24 その日着る服を選ぶのに悩みますか？

悩みますよ。みんな悩むでしょ？　その日の天気や気分に忠実でいたいので、前日に準備をしておくというのができないんです。でも、本当は着る服でそんなに悩みたくない。黒のタートルネックにジーンズのスタイルを定番にした、**スティーブ・ジョブズさんの気持ち、よくわかります。**

25 食わず嫌いはありますか？

両親が好き嫌いを許さなかったので、ほぼなんでも食べられます。台湾時代に鍛えられました。驚くようなものも食べていました。でも、**虫料理はダメかも。**

26 外での一人ごはんは得意？

得意じゃないです。お日様がある時間なら大丈夫なんですが、夜一人で外食はできません。**暗くなったらお家に帰りたくなる（笑）。**いきつけのお寿司屋のカウンターに一人、というのが夢です。

27 ごはん派？　パン派？　麺派？

アドレナリンがあがるのはパンなんだけど、ずっとそれしか食べられないというのなら、ごはん。できれば玄米でお願いします。

28 冷蔵庫に常に入っているものは？

納豆、ネギ、卵、豆乳、レバー（貧血なので）、チョコレート。

29　ストレス解消法は？

手帳に思いのまま文を書く、絵を描く。

30　理想の休日を教えてください。

わたしは家が好きだから、別にどこにも行きたくないんです。予定をたてないことが、休日らしい過ごし方だと思うので。前日は目覚ましをかけずに寝る。好きな時間に起きる。好きなものを食べる。本を読む。寝る。犬の散歩をだらだらする。夕方にふらっとでかけて、お花を1輪買う。好きなカフェで本を読んだりして、暗くなる前に帰って、適当にごはんを作って食べて、寝る。登場人物がわたし以外、誰もでてこない……（笑）。

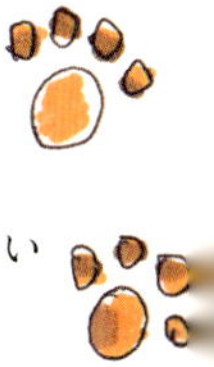

31　どうにもやる気の出ないときはどうしますか？

15分寝る。

32　買い物は直感型？吟味型？

直感型です。最近はそのなかでも吟味するようになりました。
昔は直感にまかせて大失敗したので、学習しました（笑）。

33　お財布に最低いくらないとあせりますか？

意外と入っていないんです（笑）。2000円くらいしかなくて、慌てることも。
1万円あれば安心。

34　毎日必ず持ち歩くものは？

本。

35　若さの秘訣は何ですか？

体も心も、変化を恐れないことにつきるんじゃないかな。

36　最近、怒ったことは？

基本、あんまり怒らないですね。

37　最近、泣いたことは？

人前では泣かないようにしているけど、わりと泣きますよ。嬉しい涙でも悲しい涙でも、気持ちが動くということだから、いいことなんじゃないかと思います。去年、飼い猫のビスクが死んで、四十九日の日にずっと捜していた指輪が部屋から出てきたんです。こじつけかもしれないけど、見守ってくれている気がしました。

38　死んでもいい！　というくらい幸せを感じた瞬間はありますか？

死んでもいいと思ったことはないです（笑）。でも、「このまま時間が止まればいいのに」と思うくらい幸せを感じるのは、特別な時間ではないんです。わたしは日常が好きだから。犬と散歩しているときにすごくきれいな夕焼けを見たときとか、ふっと「なにこの幸せな気持ちは！」と思います。

好きなものあれこれ

39 一日で一番好きな時間帯は？

夕暮れ。暗くなるあわいの、マジックアワー。

40 どんな匂いに幸せを感じますか？

パンが焼ける匂い。……ご飯が炊ける匂いも、コーヒーの香りも、コリアンダーの香りも好きですが、1つ選ぶなら、パン！

41 好きな色は何色？

なんでも好きですが、あえて選ぶならブルー。

42 好きな花は？

1輪だけ買うなら、ラナンキュラスとかダリアとか、大輪の花を選びます。百合は、白い鉄砲百合が清楚で一番好き。

43 なんて呼ばれるのが好きですか？

なんでもいいですよ。ゆりっぺでも、ゆり子さんでも。呼んでさえくれればうれしいです。

44 遊びにいくなら海派？　山派？

日焼けしてもいいなら、海に行きたいけれど、実質難しそうなので、海が見える山。葉山とかね。「山だけ」はいや（笑）。

45 観るのが好きなスポーツは？

観るので好きなのはフィギュアスケート。箱根駅伝は我が家のお正月の恒例イベントです。水泳ももちろん観ますが、辛いのがわかるので見てられない。北島選手が金メダルをとったとき「気持ちいい！」と言ったけれど、わたしなら、「いま腕がもげそうです。腕が重くてあがりません」と言うと思います（笑）。

46 するのが好きなスポーツを教えてください。

泳ぐのは無条件に好き。あとはピラティス。
インストラクターの資格をとりたいと思っています。
そうしたら、みんなに教えることができるから。

47 好きな季節は？

どの季節も好きですが、あえて選ぶなら春と秋。

48 外国で好きな街はどこですか？

ただただ元気になるのは、ハワイ島のキラウエアのあたり。街として好きなのはデンマークのコペンハーゲンとか。

49 東京で好きな場所はありますか？

多摩川が好きなんですよね。二子玉川と上野毛あたりの河川敷。

50 好きなお菓子は？

スタンダードな板チョコ。

51 好きな映画を3本教えてください

たくさんありすぎて困るんだけど、なんだか好きでたまらないのは、ウェス・アンダーソン監督の『ザ・ロイヤル・テネンバウムズ』。変わったお話なんだけど、独特の雰囲気が好きです。あと、グザヴィエ・ドラン監督の『わたしはロランス』。とにかく映像がすごい！　邦画では行定勲監督の『今度は愛妻家』がとても好きです。

52 好きな音楽家を3人教えてください

ピアニストのチリー・ゴンザレス。『ソロ・ピアノ』という作品がおすすめです。ジャズピアニストのビル・エヴァンスもよく聞きますね。あとは、大橋トリオさん。みんなピアノだ（笑）。小さいころ、ピアノを習っていたので、ピアノの音が好きなんです。

53 好きな本3冊を教えてください。

宮本輝さんの『錦繍』。読むたびに主人公を演じてみたかったなあ、と思います。もう主人公の年齢を超えてしまったので難しいのですが。春夏秋冬の描写が素晴らしくて、この作品で文学を読む喜びを知りました。角田光代さんの文章も大好きです。角田さんの描く女性も演じてみたい。『なくしたものたちの国』という連作短編集の中の「晴れた日のデートと、ゆきちゃんのこと」は子ヤギと話せる女の子の話なんですが、まるで小学生のときの自分みたいで胸が苦しくなります。小説以外では『なまけ者のさとり方』。わたしの心のバイブル。哲学書というか、精神的な本です。

人生でいちばん

54 人生でいちばん うれしかったことは？

難しい質問ですね。

うれしいのものさしが徐々に自分基準じゃなくなってきますよね。自分のしたことで誰かがすごく喜んでくれたり、救うことができたとき、本当に幸せだなと感じます。おこがましいですけれど。たとえば、わたしが出演した映画を母が観て「すごく良かった」と喜んでくれたとき、それだけで苦労はふっとびます。

55 人生でいちばん 悲しかったことは？

「悲しい」という感情は、あまり蓄積せずに過ごしてきた気がします。病気もせず、環境も恵まれていましたし、悲しみを昇華させるのが上手いのかもしれません。たくさん動物たちを見送ってきたから、そのときはもちろんすごく悲しいのですが、それよりも看取ることができてよかったと思う。ずるずるは悲しまない……冷たいようですが。悲しみたくないのかもしれない。なーんちゃって。

56 最近、いちばん 驚いたことは？

本当に驚いているのは、自分のことがネットニュースになっていることです……。わたしはとても地味な人間で、毎日たいしたこともしてないのに、ネットにとりあげられて。もちろんありがたいことではありますが、正直、恥ずかしいんです！

57 いちばんうれしかったプレゼントは？

20歳の記念に両親が、パールのネックレスと小さなダイヤモンドのピアスをくれました。あれは一生ものですね。

58 いま、いちばん 欲しいものは？

人としての器。若者を育てることができるくらいの、母性と慈愛のある器（笑）。

59 人生最大のピンチを 教えてください。

真夜中にJAFを呼んだことがあります。当時、花というラブラドールの子犬を飼っていて、花を車中に置いて、キーをかけたまま少しの間、車外に出ちゃったんです。そうしたら、花が誤って、ドアロックをかけるボタンを踏んでしまったの。「花！　もう1回そこを踏んでー！」と叫んだけど、花は悲しそうな目をして鳴くばかりで。でも、人生最大のピンチ……ではないか（笑）。

60 これまで見たなかで いちばん感動した風景は？

20代のころ、ハワイに行く航空機のコックピットにいれてもらい、日の出を見たことがあります。桃色や紫の雲間から光がまっすぐ差し込んで、朝日に向かって飛んでいるみたいで、この世のものと思えないくらい美しかった。パイロットさんが一言「夜明けですね」とおっしゃったのにしびれました。忘れられない風景です。

61 生きてゆく上で、いちばん大事な ものは何だと思いますか？

ユーモア。

62 人に言われて、 いちばん心に響いた言葉は？

母はモラリストで、「困っている人を助けてあげなさい」「自分がしてほしいことを人にしてあげなさい。自分がしてほしくないことは人にするな」と言われました。これがわたしのベースになっていると思います。

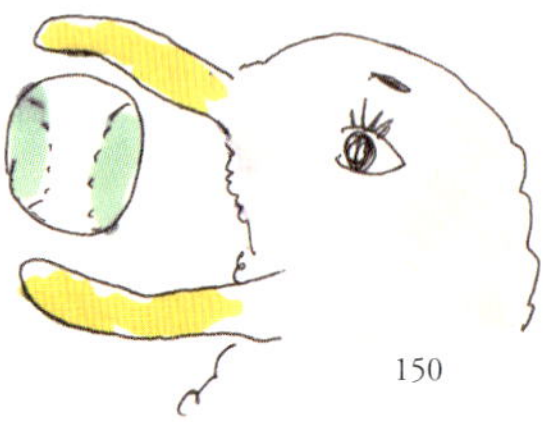

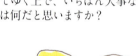

もし……

63　1日だけ男性になれるとしたら、何をしますか？

そうね……。1日しかないんでしょう？　だったら、ナンパしてみたいです。男の気持ちになって、女性を観察したい。

64　1日だけ透明人間になれるとしたら、何をしますか？

パリ・オペラ座の舞台裏に行って、バレエダンサーのみなさんの様子を見てみたいです。

65　タイムマシンがあったら、行きたい時代、場所を教えてください。

明治生まれの祖母は満州に渡って、戦後財産もなにもかも失くして、命からがら日本に逃げ帰ってきました。壮絶な人生を送ったそうです。でも、戦前はとても裕福で、東京の家の敷地を馬車が走っていたと聞いています。祖母はもう他界していますが、彼女の若いころの暮らしを見てみたいです。当時の人たちが経験してきたことって、想像しきれないですよね。

66　明日から1ヶ月の休みがとれたらどうしますか？

習い事をしたいですね。料理とか語学とか着付けとか、キチキチではない範囲でみっちりと。

67　宝くじ7億円が当たったら何に使いますか？

リアルな話になりますが、両親が心地よく老後を過ごせるように、何かしたい……。長男ぽい答えですか（笑）？　あとは、恵まれない動物たちにも何かしたいな。自分には、ツリーハウスを建てたい。

68　自分が男だったら、石田ゆり子と「友達」「恋人」「夫婦」「きょうだい」どれになりたい？

自分だったら……友達がいいんじゃない？　お嫁さんにしたら、めんどくさいよ（笑）。

69　20歳の自分に会ってアドバイスできるとしたら？

「20代は辛いかもしれないけど、30から楽しいよ」

70　生まれ変わるなら男？女？

いまの記憶がないのなら、男がいいな。

71　戻れるとしたら何歳に戻りたいですか？

戻りたくない。いまのわたしで十分。

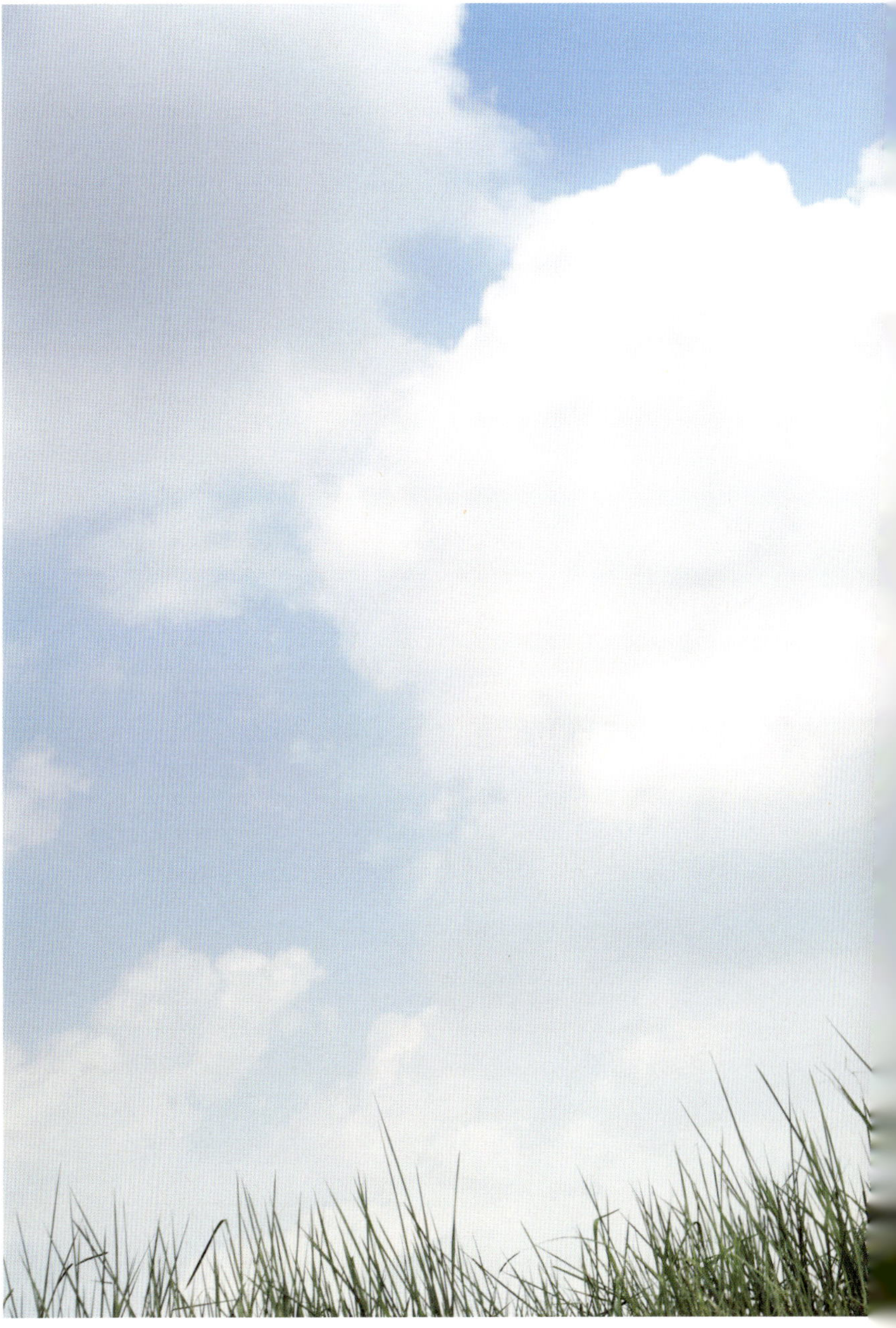

子供時代、少女時代

72 一番古い記憶は何ですか？

まだ１歳くらい。母が引っ張ってくれるキャリーカートのなかにわたしが入って、ゲラゲラ笑っているというもの。わたしが笑うのを見て、母がすごく喜んでくれた感触をリアルに覚えています。でも、なぜか２人を俯瞰で見ているんです。誰の視線なのか……？

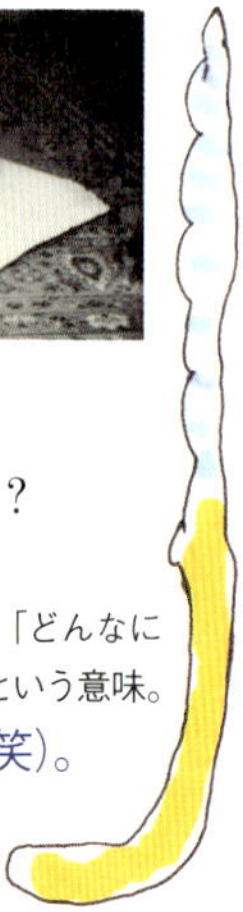

73 百合子と名付けられた理由は？

聖書の「野の百合」の一節から名付けられました。「どんなに着飾っても、野に咲く１輪の百合にはかなわない」という意味。ちょっと名前に負けている気がします（笑）。

74 小さいときの愛称を教えてください。

ゆりちゃん。ゆり。ゆりっぺ。
妹は「りり」と呼びます。

75 両親はどんな人？

父は古いタイプの昭和の父。相変わらずの頑固親父。いまだに携帯を持っていません。母は専業主婦で社会に出たことがないので、少女の部分をいまも残しているところがあります。いまのわたしからしたら、娘みたいに思えることも。

76 家族のなかで、誰に一番似ていますか？

石田家のなかではわたしは特殊で、誰にも似てない気がします。オリジナリティーがある（笑）？

77 妹はどんな存在？

小さいころは、わたしが面倒をみなければいけなかったので、めんどくさいなと思っていたこともありました。でも、いまはありがたい存在。親友とも違って、分身のような感じ。

78 反抗期はありましたか？

なかったと思います。９歳から習っていた水泳が大変すぎて、反抗する暇がなかった。そのうち仕事もはじまって、反抗期を飛び越えちゃったんでしょうね。

79 初恋を教えてください。

小学校２年生かな。いまでも名前を覚えています。小学生のときは、常に好きな子がいました。たいてい、クラスで人気のある子でした。でも、バレンタインデーにチョコレートをあげることすらできなかった。親や友達には話すくせに、本人には絶対に言えなくて、席替えで隣になったりすると密かに喜んでいました。

80 小学校時代、クラスではどんな存在でしたか？

でしゃばることも、目立つこともなかったと思います。でも、ちょっと面白い子だったかも。

81 両親にとっては、どんな子供だった思いますか？

手がかからなかったと思います。母は長女のわたしを品行方正に育てようと、言葉遣いや礼儀作法を厳しくしつけていました。でも、妹はそこまで厳しくされなかったんです。なんで、わたしだけ！

82 小さいころ、将来なりたかったものは？

「ピアノの先生」と口では言ってましたけど、本心ではバレリーナになりたかった。3歳からピアノを習わされていましたが、本当はバレエを習いたくて仕方がなかったんです。友達にレオタードをもらって、家で着てひとりで勝手に踊っていました。街でバレリーナの子どもたちを見ると、いまでも胸がキュッとなります。

83 どんなテレビ番組を観ていましたか？

テレビはあまり観せてもらえませんでした。ある年齢になるまでは、基本NHKのみ。唯一許されたのは『アルプスの少女ハイジ』のようなアニメと『8時だョ！　全員集合』。あとはニュースばかりでした。

84 好きだったテレビ番組は？

観せてもらえた番組が限られているので、アニメばかりですが、「あらいぐまラスカル」「赤毛のアン」「アルプスの少女ハイジ」「フランダースの犬」「ハックルベリィの冒険」。これらがわたしの幼少時代のすべてです。

85 子供のころに憧れたヒーロー、ヒロインは？

ものすごく憧れたのはナウシカです。自立していて、かっこよくて、かわいらしさもたくましさもある。男女両面の良さを備えている。「わたし、こういう人になりたい！」と思っていました。正義感のある女の子に憧れるんです。ヒーローでは、ブラック・ジャック先生が大好きでした！　ピノコになりたかった。

86 おしゃれに興味を持ったのはいつ？

子どものときから興味はありました。「上下つながっている服」が好きでしたね。サロペット、ワンピース、ジャンパースカートとか。今でも好きです。

87 中学時代を台湾で過ごして、自分は変わったと思いますか？

11歳で日本を離れて暮らしたのは、その後の自分にすごく大きく影響していると思います。小さな親善大使というか、日本というものを背負わされるんですよね。現地のお年寄りのなかには、戦争のせいで「日本人は嫌い」と言う人もいたので、日本人として恥ずかしくない行動をしようと思いましたね。

88 「あれがわたしの青春だったなあ」という思い出は？

いわゆるスクールライフ的な青春は全然ないんです。仕事を始めていたので、高校時代はむしろ学校にあまり行けなくて。青春というと、9歳から17歳の水泳選手だった頃の自分を思い出します。

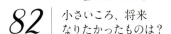

女優という仕事

89　スカウトされて最初に思ったことは？

高校1年生の5月4日、両親の結婚記念日に自由が丘で、いきなり声をかけられたんです。ショートカットにTシャツで男の子みたいなかっこうしていたんですが、人さらいかと思いました（笑）。台湾から帰国したばかりだったので、日本はやっぱり怖いなと。ただ、ちょっと不思議なんですが、ここから人生が変わるかもしれないという予感もしていました。

90　初めて演技したとき何を感じましたか？

さっさと辞めようと思いました（笑）。

演技のレッスンなしに、現場にいきなり放り込まれたんです。何もわからないままカメラの前に立たされ、セリフを言わされるのが、泣きたくなるほど怖かった。俳優業は全然向いてないと思ったけれど、同時に、できない自分が悔しくて、こんなんじゃ辞められないとも思いました。

91　最初のギャラの使い道は？

当時は月給制で、お金は親が管理していました。高校からは学費は全部自分で払いました。妹もそうしていたので、兄はずいぶん得したと思います（笑）。初任給ではダッフルコートを買ったような記憶があります。クマのパディントンが好きで、彼が紺のダッフルコートをいつも着ていたから。

92　お嫁さんにしたい女優ナンバー1と言われてどう思いましたか？

やあだ。恐ろしく昔の話、20代のころですね。ウエディングドレスの取材がたくさんあって、30回は着ました（笑）。当時は、「わたしのこと全然知らないのに、なんでお嫁さんにしたいなんて思うんだろう？」と不思議に思っていました。

93　セリフはどうやって覚えますか？

家のなかで動きながらとか、犬の散歩をしながら。体を動かしながらだと覚えやすいんです。そのセリフを言ったとき何を感じ、どう思うかを考えながら、五感を使って立体的に覚えようとしている気がします。難しいセリフは紙に書きながら、目と手で覚えます。

94　やってみたい役を教えてください。

ライオンや狼の子どもを育てる役。シェフの役。お医者さんの役は何回やっても楽しいです。役の上とはいえ、人の命を救うという、究極の人助けができるのは幸せですね。

95　自分の出演作は観ますか？

観ます。1回は必ず。

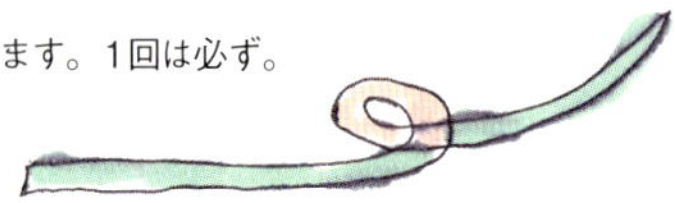

そして、これから

96　60代、70代に備えてしていることはありますか？

ピラティス。人生楽しく健康に老後を生きるための体づくり、ライフワークとしてやっています。これから始めるなら、着付けとお茶を習いたいです。老後、着物を着る人になりたいんです。

97　何歳まで生きたいですか？

健康だったら、長生きしたいですよ。でも、きれいなうちにポックリ逝きたい気持ちもあります。葬儀は密葬。お墓もいらないし、骨は自然の中に撒いて欲しいです。

98　年齢を重ねることが嫌だった時期はありますか？

あまりないですね。昔の写真を見比べると、年を取ったなあと思いますけど。でも、**わたしはいまのほうが好きなんですよ。**昔は、わたしなりに挑戦的な顔してるんです。「わたしは大人ですから！」と訴えているような（笑）。

99　年齢を重ねて手にしたもの、失ったものは？

失ったのは若さ（笑）。でも、いまのほうが、やる気がみなぎっています。ただ、体がついてこない。ケアをするというのは、自分と向き合うことでもあるので、それはそれで楽しいですね。**意外とわたし、無理がきくんです。**

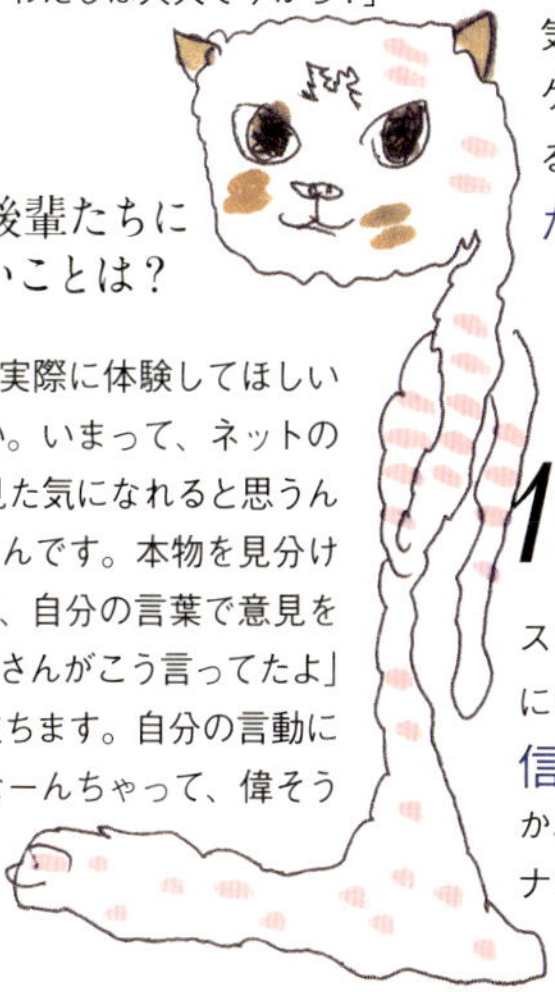

100　人生の後輩たちに伝えたいことは？

本物を見てほしい。実際に体験してほしいし、人と向き合ってほしい。いまって、ネットの情報だけで、知った気、見た気になれると思うんですが、それは違うと思うんです。本物を見分ける目を養ってほしい。あと、自分の言葉で意見を言ってほしいですね。「誰々さんがこう言ってたよ」という言葉はすごく腹が立ちます。自分の言動に責任を持ってほしい……なーんちゃって、偉そうだけど。

101　死ぬまでに一度はやりたいことを教えてください。

スカイダイビングとか、バンジージャンプとかは絶対にいや！　**落ちる途中で怖さのあまり死ぬ自信があります。**ナイアガラの滝とか万里の長城とか、世界の絶景を見たいですね。オーロラ、モアイ像、ナスカの地上絵……。

102　人生最後の食事、何を食べたいですか？

やっぱり、納豆ごはんは食べたいなあ。お味噌汁もほしいですね。フルーツサンドイッチとかシュークリーム、クリームパンもいい。わたしが死んだら棺に入れてと友達に頼んでいるんです。**カスタードクリームが大好き**なの。

103　天国の入り口に来ました。さて、自分の人生を振り返って、何と言いますか？

「楽しかったよね！」と言いたいです。魂が体から抜けて空に向かうときに、離れていく地球に向かって、「**ありがとおお！**」って一言だけ叫んで去っていきたい（笑）。

あとがきにかえて

時間は、いつもあっという間に流れていきます。

楽しいときも苦しいときも、
夢のように幸せなときも、倒れそうなほど悲しいときも、
ぜんぶを飲み込んで、朝は必ずやってきます。

いろんなことがあるけれど、
大丈夫。
温かいものを食べて、
あたたかくして眠りましょう。

眉間にシワを寄せないで、
にっこり笑って眠りましょう。

素晴らしい写真を撮って下さった
カメラマンの伊藤彰紀さん、馬場わかなさん。